Customer planning to customer

众筹创业
实战应用大全

中小企业创业快速融资的有效途径

刘柯○编著

中国铁道出版社有限公司
CHINA RAILWAY PUBLISHING HOUSE CO., LTD.

U0586419

内 容 简 介

本书是介绍互联网众筹的参考性书籍，全书通过对不同众筹案例的介绍，分别从众筹的立项、包装、发起与支持等方面详细向读者介绍众筹的参与。本书内容分为四个部分，第一部分为第 1~3 章，这部分介绍了众筹基础理论与不同的参与方式；第二部分为第 4 章，介绍了参与众筹的平台与规则；第三部分为第 5~8 章，分别介绍了科技、农业、电影、出版、演出、创意、公益及股权众筹的项目设计与众筹流程；第四部分为第 9~10 章，主要介绍了众筹的相关操作与技巧。通过全书的阅读与学习，您可以轻松走进众筹的世界。

本书写作轻松、简洁，涵盖的内容全面，无论是怀揣梦想的项目发起者，还是有一定实力的项目支持者，都可以通过阅读本书认识众筹，找到最适合自己的众筹参与方式。

图书在版编目（CIP）数据

众筹创业实战应用大全 / 刘柯编著. — 北京：中国铁道出版社，2015.7（2022.1 重印）
　ISBN 978-7-113-20366-5

Ⅰ. ①众… Ⅱ. ①刘… Ⅲ. ①融资模式-研究 Ⅳ.
① F830.45

中国版本图书馆 CIP 数据核字（2015）第 097843 号

书　　名：众筹创业实战应用大全
作　　者：刘　柯

责任编辑：张亚慧　　　编辑部电话：（010）51873035　　　邮箱：lampard@vip.163.com
封面设计：多宝格
责任印制：赵星辰

出版发行：中国铁道出版社有限公司（100054，北京市西城区右安门西街 8 号）
印　　刷：佳兴达印刷（天津）有限公司
版　　次：2015 年 7 月第 1 版　　2022 年 1 月第 4 次印刷
开　　本：700 mm×1 000 mm 1/16　印张：14.25　字数：295 千
书　　号：ISBN 978-7-113-20366-5
定　　价：45.00 元

前言
FOREWORD

互联网的飞速发展给我们的生活带来了很多便利，人们足不出户就可以通过网上商店买到自己想要的东西，甚至以前必须要出门办理的存款、理财、缴费等金融业务也可以在网上完成，如今，网上又出现了一种新奇的金融服务——众筹。

众筹是最近几年才开始在国内流行起来的，在刚开始接触众筹时，不少人会认为它是一种变相的集资行为，其中有可能隐藏着骗局，然而经过深入发掘之后，才发现众筹是一种非常好的现代金融活动。

如果你是一个非常有创意的人，一名普通画家、一名作家或是一名雕塑家，是否苦于缺乏资金无法从事这些行业，甚至连基本生活也得不到保证；如果你是一个有梦想的人，是否因为没有资金投入而让自己的创业梦想扼杀于摇篮中；如果你曾被一个公益事业深深触动，是否觉得财薄力小而无法伸出援手……无论你是什么样的人，作为发起者，只要你有梦想、有创意、有毅力，就可以在众筹中获得想要的支持。

另外，你是否很想参与某个项目的投资，但因为自己无法汇聚众多的资源而让梦想搁置；你是否对某个高科技产品很感兴趣，却因为不知道怎么提前购买而"落伍"；你又是否惧怕融资风险，最终止步于好项目跟前……同样，作为支持者，你也可以通过众筹充分发挥自己的长处，"活跃"自己的资金，亲自参与到一个新兴项目中。

众筹的参与会涉及三方，分别是项目发起者、项目参与者及众筹平台，我们分别站在这三个角度，从产品/服务设计、支持与监管上全方位地为你解读众筹。

在内容介绍过程中，我们在分析了国内外不同众筹案例，并实际操作多个平台之后，将所有的信息进行汇总、整理，编辑出版了这本《众筹创业实战应用大全》。

本书内容

本书共 10 章内容，具体可以分为四部分，分别为认识众筹、众筹平台、众筹的设计上线以及众筹技巧，具体如下所示。

第一部分
本部分共 3 章内容，分别为第 1 章轻松走进众筹的世界；第 2 章了解不同的众筹案例；第 3 章众筹的风险与法律保证。
这部分从互联网金融入手，分别介绍了众筹的基础理论以及不同的众筹方式，其中包括每一类垂直众筹项目的具体案例分析，同时从法律的角度帮助项目的参与双方认识众筹。

第二部分
本部分为单独的一章，即本书的第 4 章，了解国内不同的众筹平台。
这一章之所以独立成一个部分，是因为它主要介绍的是众筹平台的相关内容，其中包括几个大型的综合平台，以及不同众筹适合在什么平台操作，其内容主要介绍了众筹平台的项目发起、支持的特点和要求，让不同的众筹参与者都能找到最适合自己的平台。

前言
FOREWORD

第三部分
本部分是本书的重要内容，具体为第5章科技类众筹流程；第6章农业类众筹流程；第7章电影、出版、演出类众筹流程，以及第8章创意、公益、股权类众筹流程。
这一部分将详细介绍每一种垂直项目的项目立项、设计、生产流程/服务流程，并通过案例的形式教你如何将其搬上众筹平台。

第四部分
本部分为本书最后一部分，包括本书的第9章众筹操作与手机众筹和第10章如何更好地玩转众筹。
在这部分内容中，重点讲解了众筹的操作流程，包括项目的发布、支出及不同的支付方式，同时也有手机众筹的操作。另外这部分还重点介绍了一些轻松玩转众筹的技巧，如通过众筹门户网站搜索项目等。

本书特性

理论与实践相结合

本书以最简单明了的语言向读者介绍众筹的基础理论，同时又站在项目参与双方的角度，帮助参与者学会如何进行众筹。

实用性较强

本书在编辑过程中非常注重实用性，没有过多地介绍众筹未来发展等互联网知识，而是着重于实际应用，通过案例分析、操作步骤、知识延伸、平台介绍等内容，一步步教会读者如何真正地参与到众筹中。

读者对象

众筹在国内还是比较新鲜的互联网形式，任何对众筹有兴趣的读者都可以找到想要的答案。另外，对网络购物、融资理财或是对高科技产品、新农服务、公益活动等新鲜事物感兴趣的读者也可以通过阅读本书，找到不同的参与方式。

由于编者知识有限，书中难免会有疏漏和不足之处，恳请专家和读者不吝赐教。

编　者
2015年5月

目　录

Part 01

轻松走进众筹的世界

你是否在某一瞬间有过很好的创意想法，又是否因为没有资金的支持而让梦想夭折？是否对某个项目很感兴趣却不知道如何参与？又是否拿着一笔闲置资金不知道参与哪种投资？如果有这些疑问，那么就和我们一起走进众筹的世界。

◇　互联网金融的6种模式
◇　全面走进众筹
◇　认识不同的众筹模式

1.1 互联网金融的 6 种模式

互联网金融是指以依托于支付、云计算、社交网络以及搜索引擎等互联网工具，实现资金融通、支付和信息中介等业务的一种新兴金融。随着自身不断的发展与完善，如今已经形成了第三方支付、P2P 网贷、大数据金融、信息化金融机构、互联网金融门户和众筹这六大互联网金融模式。我们要认识众筹，首先就从认识这六大模式入手。

1.1.1　第三方支付

所谓第三方支付，就是在与第三方支付平台的交易中，买方选购商品后，使用第三方平台提供的账户进行货款支付，由第三方通知卖家货款到达、进行发货。买方检验物品后，付款给卖家，第三方再将款项转至卖家账户。

如今的第三方支付平台一般是买家将货款转至第三方平台，由第三方平台代为卖家进行保障支付，这种方式具体有如下的优势。

- 在买卖双方中为中立角色，避免出现恶性竞争。
- 根据被服务企业的市场竞争与业务发展所创新的商业模式，并可以定制个性化的支付服务。
- 无须直接输入账号密码，保障账户的安全。
- 支付方便，使得双方都减少了手续费。
- 操作简单，支付的到账时间更快。

第三方支付的缺点

第三方支付也有一定的缺点，包括支付服务商会有资金滞留的情况，如缺乏有效的流动性管理，则可能存在资金安全和支付的风险。

另外，许多第三方支付平台开通了快捷支付服务，这降低了原本的支付等级。

第三方支付的出现为互联网金融提供了非常大的便利，如网络购物、个人转账等都可以快速完成。下面以网络购物为例，从图 1-1 中来了解使用第三方支付需要哪些步骤。

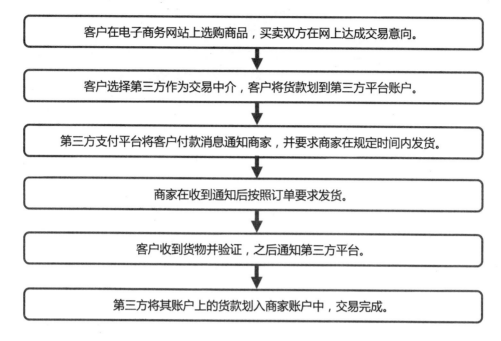

图 1-1　网购第三方支付流程

支付宝是全球领先的第三方支付平台，成立于 2004 年，经过十多年的发展，如今提供理财、网购担保交易、网络支付、转账、信用卡还款、生活缴费等多个领域的服务。

支付宝的使用非常简单，安全性高，并且支持的服务项目非常多。同时支付宝依托国内最大的电子商务平台淘宝网，迅速成为国内最大的第三方支付平台，用户在其官方网站（https://www.alipay.com/）或通过手机支付宝就可以完成相关操作，具体的页面如图 1-2 所示。

图 1-2　支付宝的页面详情

除了支付宝之外，如今市场上的第三方支付平台有很多，下面就简单来认识几个，具体如表 1-1 所示。

表 1-1　丰富的第三方支付平台

名称	LOGO	主要特点与功能
财付通		财付通是腾讯公司旗下的支付工具，它最大的优势在于与QQ绑定在一起，使用户可以很方便地进行支付。财付通有三大功能，分别为网上付款、生活缴费与精选优惠，实实在在地为我们的金融生活所服务
汇付天下		汇付天下成立于2006年，目前，它为国内95%的商业银行、数百家领先 P2P 公司提供金融服务，汇付天下除了针对个人业务之外，在企业支付上也占有比较高的比例
银联在线		中国银联是目前国内最大的银行卡联合组织，几乎遍布国内的所有银行与金融机构，银联在线的第三方支付服务凭借这一优势，也占有比较高的使用比例，同时可以完成其他支付平台不能完成的支付服务
百度钱包		百度钱包是百度公司的第三方支付服务，使用百度钱包，可以快速实现付款、缴费、超级转账等。目前，百度钱包推出的拍照付功能，只需扫描二维码，即可完成支付，非常方便快捷

1.1.2　P2P 网贷

P2P 是英文 peer to peer 的缩写，也就是点对点的理财方式。P2P 是一种全新的理财方式，作为投资平台，它直接将借贷双方联系起来，让人们通过互联网直接交汇，使得网络上的理财沟通更容易、更直接。

简单来说，P2P 就是指个人通过第三方平台在收取一定费用的前提下向其他个人提供小额借贷的金融模式。其主要的参与者，一是将资金借出的客户，二是需要贷款的客户。

P2P 网贷的具体特点，如图 1-3 所示。

P2P 担保

P2P 平台本身不吸储，不放贷，不能作为资金池，它只提供金融信息服务，作为借贷的中介存在。

门槛低

每个人都能很轻松地参与 P2P，无论多少金额，都可以参与到借款中。

信用评估

P2P 平台作为信息发布平台，会对贷款者进行较为严格的审核与信用评估。

一对多

P2P 平台的交易模式多为"1 对多"，即一笔借款既可以由一个人参与投资，也可以由多人参与。

图 1-3　P2P 网贷的特点

为了更加详细地认识 P2P 交易的具体步骤，我们从一幅简单的图中来详细确认，具体如图 1-4 所示。

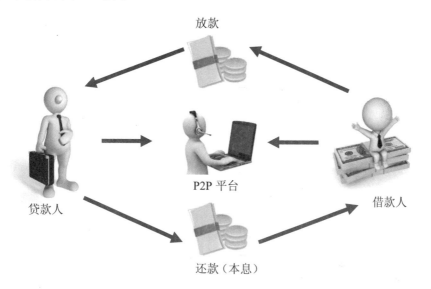

图 1-4　P2P 网贷的运作模式

P2P 的理财优势

对于喜欢投资理财的人来说，P2P 是新颖而且非常好的理财方式，投资者将资金投入借款人发布的项目中，依此来获得利息，这就是利用 P2P 投资理财。同时也因为借款人发布的利率一般要比银行储蓄高，使得 P2P 理财大受欢迎。

无论是借款人还是投资人，要完成一次 P2P 网贷，必须经过如图 1-5 所示的步骤。

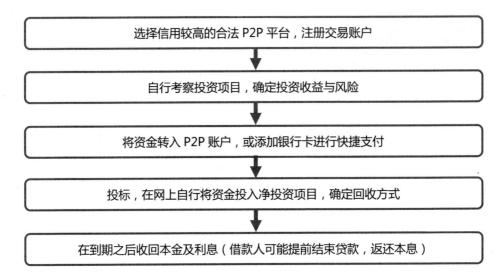

图 1-5　P2P 网贷的流程

P2P 在我国虽然起步较晚，但目前已经成为非常热门的互联网金融项目。例如，"人人贷"就是一个较为成熟的 P2P 投资平台。投资者在上面可以轻松完成 P2P 的信息发布、投资等操作。借款人通过个人信用申请借款，获得资金；理财人通过公开信息自主选择进行投资，获得收益。

人人贷的操作简单，投资者只需登录其首页（http://www.renrendai.com）就可以投资相关服务，具体页面如图 1-6 所示。

图 1-6　人人贷网站主页

如今的 P2P 理财不仅有传统的借贷方式，而且还有不少其他的创新方式，如在人人贷平台上，有如下的一些 P2P 理财服务。

- U 计划：U 计划是人人贷推出的便捷高效的自动投标工具，在用户认可的标的范围内，对符合要求的标的进行自动投标，且回款本金在相应期限内自动复投，期限结束后 U 计划会通过人人贷债权转让平台进行转让退出。U 计划分为三种，U 计划 A 锁定期 3 个月，预期年化收益 7%；U 计划 B 锁定期 6 个月，预期年化收益 9%；U 计划 C 锁定期 12 个月，预期年化收益 11%。

- **散标：** 散标就是借款人自行发布的产品，由投资者选择进行投入。散标年利率区间为 8%～24%，具体收益由所投资的借款标的利率确定。期限在 3 个月～36 个月不等。

- **债权转让：** 指债权人通过人人贷债权转让平台将债权挂出且与购买人签订债权转让协议，将所持有的债权转让给购买人的操作。简单来说就是将自己的 P2P 投资转让给他人，一般规定持有 P2P 投资达 90 天即可进行转让。

1.1.3　大数据金融

大数据金融是指集合海量非结构化数据，通过对其实时分析，可以为互联网金融机构提供客户的全方位信息。

数据平台通过分析和挖掘客户的交易和消费信息，掌握客户的消费习惯，并准确预测客户行为，使金融机构和金融服务平台在营销和风控方面做出相关的决策。

大数据金融按照平台运营模式分类，可分为平台金融和供应链金融两大模式。两种模式代表的企业分别为阿里金融和京东金融。

阿里金融的服务项目

阿里金融亦称阿里小贷，是指面向小微企业、个人创业者提供小额信贷等业务。最常见的服务项目有淘宝订单贷款、淘宝信用贷款、淘宝聚划算专项贷款、阿里信用贷款等。

目前，阿里金融通过统计、使用自己的数据，并对数据进行真伪性识别、真假信息判断，建立多种模型，为阿里集团的商户、店主时刻计算其信用额度及交易数量，店主可以根据该数据做出相关决策。

此外，苏宁的供应链金融模式是以电商作为核心企业，以未来收益的现金流作为担保，获得银行授信，为供货商提供贷款。

互联网时代的大数据金融，迎来了较多的发展机遇，具体如图 1-7 所示。

在宏观经济结构调整背景下，大数据推动了金融机构的战略转型。

通过大数据应用和分析，能够降低金融机构的管理和运行成本。

大数据技术有助于降低信息的不对称程度，增强风险控制能力。

图 1-7　大数据金融的优势

有优势也有劣势，大数据金融有如图 1-8 所示的风险。

大数据技术应用可能导致金融业竞争版图的重构，对传统金融行业造成冲击。

类似图表、表格等传统统计手段不太适合大数据分析，让大数据功能打折。

当前的大数据是面向结构化数据，决策可能带来风险。

图 1-8　大数据金融面临的风险

作为个人，如果想要查看相关的金融大数据，可在一些大数据平台上进行查询，如通联数据（http://www.datayes.com）就是一个较好的大数据平台，它是为资产管理行业投资者提供高效、便捷、创新的金融服务云平台，提升投资管理效率和投研能力，为投资者带来更专业的服务和长期稳定的收益，促进金融行业全面繁荣发展，其主页面如图 1-9 所示。

图 1-9　通联大数据平台主页

1.1.4　信息化金融机构

在了解了什么是信息化金融机构之前，我们首先来看看金融机构都有哪些，如图 1-10 所示。

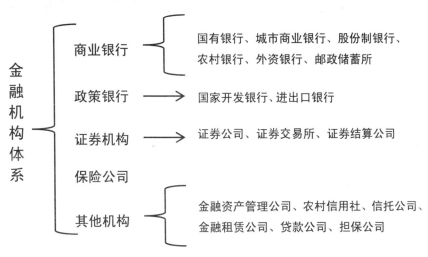

图 1-10　常见的金融机构

在以上的这些金融机构中，如果将资源进行整合，对传统运营流程、服务产品进行改造或重构，实现经营、管理的信息化，同时包含银行、证券和保险等服务，广泛运用以互联网为代表的信息技术，这样形成的新的金融机构，称为信息化金融机构。

信息化金融机构是金融行业发展的必经过程，它相较于传统金融机构，有如图 1-11 所示的三大特点。

高效便捷

传统金融机构通过对硬件设施基础性信息化建设，实现了工作效率的极大提升。而信息化金融机构通过以互联网技术为基础的更高层次的信息化建设，对传统运营流程、服务产品进行改造或重构，提供更加高效便捷的金融服务，这是信息化金融机构最显著的特点之一。

功能强大

信息化的建设使得金融机构能够实现业务的整合，让不同的业务同时进行。通过完整的 IT 建设，可以使得金融机构按照一个统一的 IT 架构将机构内部各管理系统全部整合到一个系统管理平台，实现各系统的互联互通，使得金融机构可以运作的空间更为广阔。

创新产品

金融机构的信息化建设极大地提高了金融的创新能力，各金融行业不断推出新型的金融产品。金融行业线上线下业务的创新组合，不仅给人们的生活带来了便利，而且还在投资理财上让人们有了更多的选择，同时拓展了金融机构自身的服务空间。

图 1-11　信息化金融机构的特点

信息化金融机构最典型的例子就是如今人们使用最多的电子银行，电子银行又称网络银行，是指银行利用互联网技术，通过电脑或者手机向客户提供开户、查询、对账、行内转账、跨行转账、信贷、网上证券、投资理财等传统服务项目。

下面以中国工商银行的网上银行为例，来看看创新的信息化金融机构有哪些具体内容。

在中国工商银行网上银行，可以完成各类基础的金融服务，如存款、转账、信贷、缴费等，具体如图 1-12 所示。

图 1-12　银行基础服务

同时在中国工商银行网上银行，可完成各类投资产品的投资理财服务，如图 1-13 所示。

图 1-13　银行理财服务

在中国工商银行网上银行，有着非常丰富的金融资讯与银行公告，这让用户足不出户就可以了解最新的金融新闻，如图 1-14 所示。

图 1-14　银行公告与资讯

像存贷利率、汇率、黄金价格等非常重要的金融数据，在网上银行都可以轻松查看，如图 1-15 所示。

图 1-15　金融数据

其他服务项目

　　除了以上介绍的几种金融服务外，网上银行还可以完成对公业务、生活服务、网上购物等。信息化金融机构正在逐渐改变我们的日常生活，并且向着更加成熟的趋势发展。

1.1.5　互联网金融门户

　　互联网金融门户也就是一些门户网站，它们是金融行业的第三方支出平台，它的核心就是"搜索+比价"的模式，采用金融产品垂直比价的方式，将各家机构的产品放在平台上，用户通过对比挑选合适的金融产品。

　　参与互联网金融门户实际上就是浏览各类网页，了解并开始个人的金融生活，具体有如图 1-16 所示的特点。

> 与各大银行、证券公司、投资机构展开深入合作，在网页上面可以看到最新投资项目、理财产品的介绍，并且有专门的投资理财分析师分析其利弊。

> 互联网金融门户上可以查看市场上几乎所有的金融数据，实时更新，及时准确，并且门户网站会通过专业的图表将其表示出来。

> 互联网门户网站上有非常丰富的新闻资讯、财经信息、行情分析及入门培训，各类有需求的人都可以在其中找到想要的内容。

图 1-16　互联网金融门户的特点

投资门户提供个性化理财服务，投资者可以完成风险测试、产品推荐、开户入资、下单购买、申请赎回等一系列的投资服务。

互联网金融门户网站还有很多衍生的服务，如金融计算工具、行情分析软件、模拟交易等，另外还有各类金融活动，参与者可以线下参与金融服务。

图 1-16　互联网金融门户的特点（续）

互联网门户网站有很多，和讯网门户（http://www.hexun.com/）就是其中一个非常专业的互联网金融门户，首页如图 1-17 所示。

图 1-17　和讯网门户网站

除了和讯网外，表 1-2 还列举了一些较为全面且专业的金融门户网站，这些内容有的是综合类门户，有的专攻一类金融方向门户。

表 1-2　丰富的互联网金融平台

名称	LOGO	主要特点与功能
东方财富网	东方财富网 eastmoney.com 中国财经第一门户	东方财富网是通过网站平台和各专业频道提供专业的、及时的、大量的资讯信息，满足广大互联网用户对财经资讯和金融信息的需求，同时提供财经互动社区平台，满足用户互动交流和体验分享需求
新浪财经	sina新浪财经	新浪财经门户网是新浪旗下的财经门户网站，依托新浪网强大的技术背景，与各大银行、证券交易所展开深度合作，提供非常丰富的金融信息、理财产品介绍和行情数据查询

续表

名称	LOGO	主要特点与功能
中国经济网	中国经济网 www.ce.cn	中国经济网是一个以经济信息为主的金融门户网站，是国家重点新闻网站中唯一以经济报道为中心的综合新闻网站，每日采写大量经济新闻，同时整合国内主要媒体的经济新闻及信息
金投网	金投网 cngold.org 中国第一贵金属门户	专做某一种金融行业的门户网站也有很多，金投网就是一个专做贵金属投资的金融门户平台，提供黄金、白银等各类贵金属投资的资讯、开户、交易等资讯，并且提供专业的交易行情软件

1.1.6 众筹

互联网金融的 6 种模式我们已经认识了 5 种，接下来就让我们走进本书要讲解的主体模式——众筹。

所谓众筹，它是发起人利用互联网和社交网络的传播特性，通过众筹平台发布一个创意项目，然后投资人进行支持的行为。

众筹是一种全新的互联网金融模式，具有如图 1-18 所示的特点。

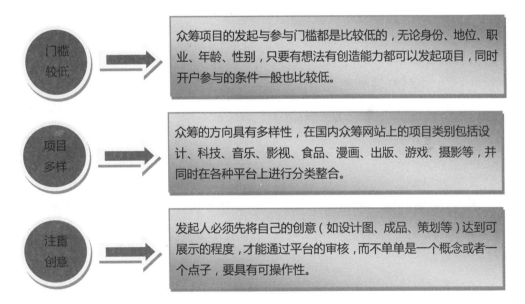

图 1-18 众筹的特点

一个众筹项目想要成功，就必须有如下的三方。

- 项目发起人：有创造能力但缺乏资金的人。

- 项目支持者：对筹资者的故事和回报感兴趣，有能力支持的人。

- 众筹平台：连接发起人和支持者的互联网终端。

以上只是简单地介绍众筹的内容，如果要详细地认识众筹，玩转众筹，接下来我们就正式走进众筹的世界。

1.2 全面走进众筹

要深入了解众筹，就需要从各个方面入手，包括发展历史、商业模型以及各方参与者。

1.2.1 众筹的发展历史

众筹的发展经历了从高度集权到"人人众筹"的过程。我们首先来看一些较远时间的有众筹性质的案例。

案例 1：1713 年，英国诗人亚历山大•蒲柏着手将古希腊诗歌翻译成英语，他花费近 5 年的时间完成了注释版的《伊利亚特》，蒲柏因此获得荣誉与经济的双丰收，成为英国的桂冠诗人。而这个项目的完成，就有着众筹的影子。

启动翻译计划之前，蒲柏就承诺在完成翻译后，向每位提前订阅者提供一本六卷四开本的早期英文版的《伊利亚特》，这一承诺为他带来了 575 名用户的支持，总共筹集了 4 000 多几尼（旧时英国的黄金货币），这笔钱帮助他顺利完成了翻译工作。最后，这些支持者的名字也被列在了早期翻译版的《伊利亚特》上。

案例 2：1885 年，为庆祝美国的百年诞辰，法国赠送给美国一座象征自由的女神像，但是这座女神像没有基座，无法放置到纽约港口。《纽约世界报》的一位出版商约瑟夫•普利策为此发起了一个众筹项目，目的是筹集足够的资金建造这个基座。

普利策把这个项目发布在报纸上，并承诺对出资者做出奖励：只要捐助 1 美元，就会得到一个 6 英寸的自由女神雕像；捐助 5 美元可以得到一个 12 英寸的雕像。

最后，这次众筹得到了全世界各地共计超过 12 万人次的支持，筹集的总金额超过 10 万美元，自由女神像也顺利竣工，而《纽约世界报》和普利策为此赢得美国民众的尊敬和爱戴。

以上两个例子就说明，众筹的模式实际上很早就存在了，那么众筹的发展究竟有哪些标志性事件呢，具体如图 1-19 所示。

世界上最早建立的众筹网站是 ArtistShare，2001 年正式开始运营，它被称为"众筹金融的先锋"。这个众筹平台主要面向音乐界的艺术家及其粉丝展开众筹服务。美国作曲家 Maria Schneider 的《Concert in the Garden》成为格莱美历史上首张不通过零售店销售的获奖专辑，也是 ArtistShare 的第一个粉丝筹资项目。

Kickstarter 于 2009 年 4 月在美国纽约成立，是一个专为具有创意方案的企业筹资的众筹网站平台，该平台致力于支持和激励创新性、创造性、创意性的活动。通过网络平台面对公众集资。目前，Kickstarter 已经是全球最大的众筹平台，许多人也认为该平台是现代众筹的起源。

2011 年 7 月，点名时间网站上线，点名时间将众筹模式引入中国。网站创立初期，无论是出版、影视、音乐、设计、科技，还是公益、个人行为的项目都可以在点名时间发布，大众进行筹钱。如今，点名时间网站已经放弃了众筹的项目，而众筹网、追梦网等大量的众筹平台逐渐在我国流行起来。

图 1-19　众筹的发展历史

1.2.2　众筹的商业模式

要构成一个商业模式，就需参与的每个对象都有利可图，从目前来看，众筹虽然还处于起步阶段，但其商业模式已经较为成熟。

众筹模式完全符合企业价值创造的核心逻辑，即价值发现（筹资人和出资人的投融资需求）、价值匹配（与商业伙伴的合作）、价值获取（与筹资人分成获利）。下面将详细介绍。

(1) 价值发现

众筹中的价值发现是一个明确价值创造来源的过程。一般是通过可行性的分析来预判企业所认定的创新产品、技术或服务，但最终是否盈利取决于是否拥有稳定的顾客。

进一步明确和细化顾客的价值存在，确定价值主题，这是众筹商业模式成功的关键环节，简而言之就是如果上线的项目没有顾客支持，也就失去了众筹的意义。

（2）价值匹配

一个众筹平台不可能满足所有顾客的需求，因此众筹项目常常面临很高的成本和风险。为了取得先发优势，最大限度地控制风险和成本，众筹平台往往要和其他企业形成合作关系，使其商业模式有效运作。

如今众筹平台的主要功能包括平台搭建、项目审核、营销推广、产品包装和拓展销售渠道等，这些内容现在都是由一方完成，这在现代的互联网商业中是比较落后的。

为了实现价值的匹配，众筹平台可以展开一系列的商业运作，如可以将核实发起人身份、调查完成项目能力、制作推广计划、网站设计和维护等专业性和独特性较高的环节作为自己的核心业务开展，并提供差异化服务，把对构建竞争优势不太重要的其他业务外包给合作伙伴，与合作伙伴实现资源、要素和竞争力的优势互补，最终建立起以众筹平台为中心的价值网络。

（3）价值获取

我们创造价值的目标，就是为了获取价值，这也是众筹商业模式的核心内容之一，也是众筹平台能够生存并获取竞争优势的关键。

在众筹运作中，价值获取的途径主要有两方面：一是众筹平台要担当价值链中的核心角色，价值链中的每项价值活动的增值空间都是不同的，众筹平台若能通过利用自己的核心资源，占有增值空间较大的活动，也就占有了整个价值链价值创造较大比例的部分，这将直接影响到创新价值的获取。

二是众筹平台要设计难以复制的商业模式并对商业模式的细节采取最大限度的保密。这要求众筹平台尽可能构建独特的企业文化，设计具有高度适应能力的组织结构，组织高效标准化的团队，实现优秀的成本控制。如众筹平台可以专做某一类众筹项目。

1.2.3 众筹的优势

作为普通的项目发起人或支持者，参与到众筹的世界会体验到非常多的好处，这也是众筹本身所具有的优势。首先，从图 1-20 来看众筹对于项目发起者的优势。

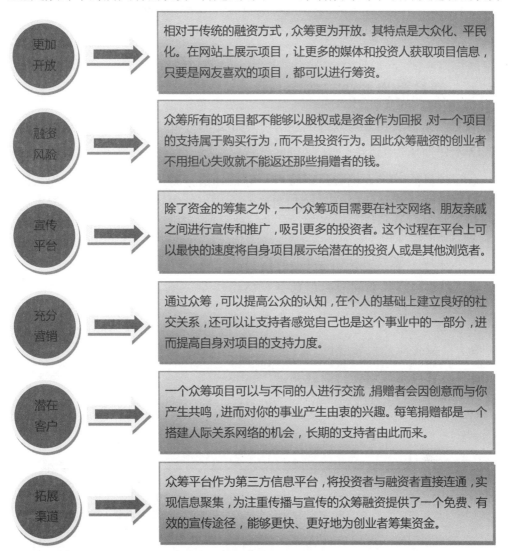

图 1-20 众筹对筹资者的优势

而对于支持者来说，通过众筹进行投资，可有如图 1-21 的优势。

对于喜欢参与各类投资的人来说，众筹虽然不像传统投资产品一样可以直接获利，但通过实物或服务的回报同样有投资的价值。

图 1-21 众筹对支持者的优势

让个人参与到众筹项目中来，可以让支持者感觉自己也参与项目发展，从心理上获得了满足。

参与众筹项目，就必须要拓展社交网络，在这个过程中可以获得更多的机会，从而让众筹发挥出项目之外的作用。

图 1-21　众筹对支持者的优势（续）

1.2.4　众筹的发起人

前面已经了解到参与众筹的三方分别是项目发起者、支持者与众筹平台，下面就来详细认识他们。

众筹项目的发起人也就是筹资者，它们通过众筹平台，以项目发起人的身份号召公众介入产品的研发、试制和推广，通过获得资金的方式来获得更好的市场响应。

一般存在的众筹项目发起人有如下几类。

● 需要解决资金问题的创意者。

● 对产品的销售有困难的创业者。

● 小微企业的经营者。

● 公益等其他项目的爱好者。

作为一个项目的发起者，完成一次众筹项目的筹资，需要进行如图 1-22 所示的操作。

确定项目

所谓项目的确定，从表面来看可能并不困难，但确定一个项目需要非常详细的分析，如强化众筹模式的市场调研、产品预售和宣传推广等延伸功能等。如果一个项目并没有经过详细的审核，而随随便便提交到众筹平台上，就将会面临众筹失败的情形。

项目包装

一个众筹项目即使非常优秀，没有好的包装也是无法得到人们关注的。确定了项目之后，就可以对众筹的项目进行包装。所谓包装，就是通过文字、图片、视频等形式来全方位的展示项目。

支持与回报

要做好一个众筹项目，设置项目的支持方式与回报方式是非常重要的，虽然不同的众筹项目有不同的设置方法，但如果支持者认为个人的支持与回报无法平衡，那这样的众筹很难获得成功。

选择平台

一切准备就绪之后，就需要选择一个好的平台进行众筹项目的发布，此时发起人应该详细考量该平台的专业程度与浏览数量。另外，不同的平台设置与回报的方式是不同的，选择平台可与前面的步骤同时进行。

支付回报

在众筹结束之后，会出现成功与失败两种情况，如果众筹失败，项目发起人需要配合众筹平台将资金退还给支持者；如果众筹成功，发起人就会拿到所需的资金，在约定的时间到期后，支付给支持人相应的回报。

图 1-22　项目发起人需要做的事项

项目发起人的责任

由于众筹项目的产品大多具有很高的创新性和独特性，项目发起人往往因为个人经验、技术基础、生产工艺、生产经验等客观因素制约导致工期延误，无法按期支付回报，这就是项目发起人没有尽到相应的责任。一名合格的众筹项目发起人，应该充分保证众筹项目的成功，并且在成功之后有足够的条件支付回报。

1.2.5　众筹的支持者

公众的支持者也就是项目的出资人，往往是数量庞大的互联网用户，他们利用在线支付方式对自己感兴趣的创意项目进行小额投资，使每位出资人都成为"天使投资人"。

而支持者资助创意者的过程就是其消费资金的过程，这既提高了生产和销售等环节的效率，也满足了出资人作为用户的小众化、细致化和个性化的消费需求。

作为众筹的支持者，参与众筹一般需要完成如图 1-23 所示的事项。

众筹的回报虽然不是直接回报资金，但它也是一项投资，因此在确定支持之前，也要对自己的资金情况与感兴趣的项目进行确定，避免胡乱参与。

选择投资平台并不是项目发起人要做的事，也是支持者需要注意的，在确定投资者之前，投资者需要对平台的信用度与回报率进行考察，确保项目能够顺利完成获得回报。

选择好平台之后，支持者就需要重点考察要投资的项目，内容包括项目标的、项目评级、支持等级、项目持续时间和回报方式等。通过这些内容最终确认是否参与投资。

确认支持项目之后，支持的过程就是将资金转入众筹平台的过程。支持者需要注册众筹平台的账户，将银行卡绑定在账户上，并确定支付方式。

支付完成后就完成了初期的项目支持。如果项目失败，众筹平台会返还投资资金；如果项目成功，就会收到相应的回报，最终完成此次众筹支持。

图 1-23　项目支持者需要做的事项

1.2.6　众筹的平台

所谓众筹平台，实际就是连接项目发起人与支持者的中介机构，它既是众筹平台的搭建者，又是项目发起人的审核方、监督者与辅导者，同时还是出资人的利益维护者。

众筹的发展时间虽然不长，但国内外已经出现了非常多的众筹平台，而一个合格的众筹平台，对众筹项目的审核与帮助是非常重要的，其具体有如图 1-24 所示的职能与义务。

众筹平台首先需要有非常出色的网络支持，根据相关法律法规，采用虚拟运作的方式，将项目发起人的创意和融资需求发布在虚拟空间里。另外，众筹平台还需要为项目双方提供不同的资金收付方式。

众筹平台需要对项目的发起人提供专业的辅导，帮助其对个人发布的项目进行包装。另外，众筹平台需要严格审核项目发起人的资质，通过项目评级的方式，规避非法集资等风险。

对于项目的支持者，众筹不仅需要提供资金的担保平台，而且还需要在项目无法执行时，督促项目发起人退款给出资人；另外，如果项目成功，众筹平台需要督促项目发起人支付回报。

最后，众筹平台必须要明确自己的发展方向，如综合类众筹平台或某类产品平台，另外还需要制作自己的众筹运行标准，如手续费收取等。最后，众筹平台有义务对平台和好的项目进行推广。

图 1-24　众筹平台需要做的事

目前全球最大的众筹平台 Kickstarter，是一个专为具有创意方案的企业筹资的众筹网站平台，在其网站（https://www.kickstarter.com）上可以完成非常丰富且专业的众筹投资，其主页面如图 1-25 所示。

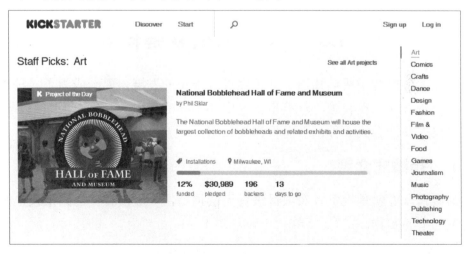

图 1-25　Kickstarter 众筹平台网站

除了国外专业的众筹平台之外，如今国内也有非常专业的众筹平台，如网信金融集团旗下的众筹网（http://www.zhongchou.cn），是目前国内最大的众筹网站之一，其主页页面如图 1-26 所示。

图 1-26　众筹网众筹平台网站

众筹平台是如何盈利的？

众筹平台作为一个服务性的商业网站，它是如何盈利的呢？

首先，众筹网的盈利主要源于对成功的众筹项目收取的手续费，手续费的支付可以是项目发起者也可以是支持者。

其次，众筹网在推广项目的同时会收取广告费用。

最后，所有的资金汇聚到众筹网，也带来了投资获利的机会。

1.3 认识不同的众筹模式

在前面的内容中我们知道了众筹经过近十年的发展，已经成为了一种非常成熟的投资方式。在我国，众筹也演变出了不同的模式，具体有捐赠式、奖励式、股权式和债券式 4 种，下面将详细介绍。

1.3.1 捐赠式众筹

捐赠式众筹就是投资者对项目进行无偿捐赠，一般没有任何回报或是回报一些纪念型的实物。

捐赠式众筹的运行一般有 3 种方式，具体内容如下。

● 由项目发起人通过众筹平台发起公众募捐。

- 由捐赠式众筹平台设公募基金会，以基金投资的方式代替有资金需求的一方向公众发起募捐。
- 由第三方机构发起项目，并完成项目的证实与认领，捐赠众筹平台仅充当纯平台作用。

下面将通过一个实际的众筹案例来了解捐赠式众筹。

（1）项目名称

"富足心灵"图书行动——为鲁甸乐红乡村小学筹 1 000 册图书。

（2）项目发起人

本人姓黄，广西人，现在在江苏省无锡市工作，是一个普普通通的上班族。但是关心国家公益事业，喜欢做公益活动很久了。所以，当 8 月份云南鲁甸地震牵动着全国各族人民的心的时候，我感到有种使命让我来到鲁甸灾区这个地方，于是我便来到了这里，我感受到，这里面临的不仅是物质的贫穷，更是心灵的贫穷。

（3）项目包装

该捐赠式众筹有非常丰富的项目包装，如图 1-27 所示的图片展示。

图 1-27　"富足心灵"图书行动展示图片

此外，还包括项目发起人的文字介绍。

在利外村小学的时候，有些学生的家离学校比较远，所以，有许多家长将他们的孩子送到镇中心小学读书，这样，学生就必须在学校外面租房子居住，因为小学不提供住宿。而且，只有小学生他们自己居住，没有父母在身边！他们从小就生活自理。通常情况下，在一间大概 9 平方米的房间里面放两张床（没有蚊帐），每张床睡两个孩子，吃住都在里面，条件非常的艰苦。

所以，我尽我所能，我也希望能得到大家的帮助，我要为利外村小学以及周边的小学筹集1 000 册图书的费用，然后购买图书赠给这些小学。

（4）目标与资金用途

此项目必须在 2015 年 3 月 3 日前得到 25 000 元的支持才可成功。

图书的价格，打折之后平均价格约为 25 元/本，1 000 册的价格为 25 000 元。

图书直接从北京溪水边书屋网上购买（网站 www.bystream.com），书籍直接投送到云南昭通鲁甸乐红镇，之后由乐红镇中心小学安排送至 4 所乡村小学。分别为新林小学、龙家湾小学、利外村小学、红布村小学。4 所小学的书籍分配，计划如下。

新林小学：200 册；龙家湾小学：200 册；利外村小学：400 册；红布村小学：200 册。

发起人本人至乐红镇的差旅费、乐红镇中心小学到乡村小学的运输费等其他费用由本人自己承担。

（5）支持等级与回报

- **无私支持**：感谢您的无私奉献，您的这份捐赠将助我们的梦想飞得更高更远。

- **1 元**：感谢您的点赞支持，我怀着诚挚的谢意，希望您能转发分享此众筹信息。

- **20 元**：全程微信/邮件通知整个活动的具体进程，项目成功后将活动的相关照片发到您的邮箱。

- **50 元**：全程微信/邮件通知整个活动的具体进程，项目成功后将活动的相关照片发到您的邮箱；发起人联合受捐赠的学校给您亲笔感谢信一封。

- **100 元**：全程微信、邮件通知整个活动的具体进程，项目成功后将活动的相关照片发到您的邮箱；发起人联合受捐赠的学校给您的亲笔感谢信一封；发起人联合受捐赠的学校给您的签名照片。

- **500 元**：全程微信、邮件通知整个活动的具体进程，项目成功后将活动的相关照片发到您的邮箱；发起人联合受捐赠的学校给您的亲笔感谢信一封；发起人联合受捐赠的学校给您的签名照片；赠送鲁甸乐红当地特产核桃 5 斤。

- 1000 元：全程微信、邮件通知整个活动的具体进程，项目成功后将活动的相关照片发到您的邮箱；发起人联合受捐赠的学校给您的亲笔感谢信一封；发起人联合受捐赠的学校给您的签名照片；邀请您亲赴鲁甸乐红镇乡村小学捐赠图书，受邀者路费、住宿费等费用自理；赠送鲁甸乐红镇当地特产核桃 15 斤。

- 1 500 元：全程微信、邮件通知整个活动的具体进程，项目成功后将活动的相关照片发到您的邮箱；发起人联合受捐赠的学校给您的亲笔感谢信一封；发起人联合受捐赠的学校给您的签名照片；邀请您亲赴鲁甸乐红镇乡村小学捐赠图书，受邀者路费、住宿费等费用自理；赠送鲁甸乐红镇当地特产核桃 30 斤。

1.3.2　奖励式众筹

奖励式众筹是目前最流行的众筹方式，也可以叫作回报式众筹，是指项目支持人在对项目进行支持之后，获得相应服务或实物商品，具体有如图 1-28 所示的特点。

支持与回报
众筹凭借其处于产业链最前端的特点，可以最快速发现和发掘有潜力的创意项目或产品。

支持与回报
可以验证众筹项目是否符合市场需求，大大降低项目失败带来的风险。

支持与回报
凭借等值的回报，吸引更多的人参与到项目中，同时将为项目获得进一步融资提供最强有力的说明。

支持与回报
众筹平台也会根据项目筹资表现的数据，提供借贷或投资等金融服务。

图 1-28　奖励式众筹的特点

下面就来看一个具体的奖励式众筹案例。

(1) 项目名称

原木生活"萌时尚",要的就是这一份小情趣。

(2) 项目发起人

不同类型的奖励众筹发起人的介绍是不同的,如一些创意产品是个人,而农产品等一般是私人业主或生产销售商。

我只是一个对原木偏执的女子,每每见到那浑然天成的纹理就不免被吸引。只是一刹那,就爱上了这种自然的馈赠。看见它,你会想到树木苍穹而立的姿态,森林里绿意盎然的季节,满是和谐的画面。而我也是一个"80 后"设计者,曾经从事实木家具设计,并涉及专卖店设计、饰品陈设设计等,固然对家居氛围有了全新的认识,每个人需求的生活空间不同,我希望通过我设计的产品去调节人们居住的氛围。

(3) 项目包装

奖励式众筹的包装和捐赠式众筹不同,它不需要用太过于煽情的言语来获得支持,只需要通过图片切实地展示捐赠者可以获得的实物。

简单而小巧的原木家具饰品,一点翠绿,一份清新。 实木花瓶,简单的造型,无论置于何种空间,必然会是焦点之一。奇幻泡球小台灯。LED 注塑灯珠,节能耐用,不仅是夜晚一抹俏皮的光明,而且更是一款奇幻的家具装饰品,原木色实木底座与透明玻璃相结合,现代感十足。

具体图片如图 1-29 所示。

图 1-29　原木装饰图片

（4）目标与资金用途

此项目必须在 2015 年 1 月 13 日前得到 6 000 元的支持才可成功。

项目本身是存在利益的，而利益是多样化的，我希望能够创作出更多的产品，在设计开发中存在着很多资金风险，常常发生购买的配件不合理、打样的产品形态不完美等，而且工厂并不是无条件支持，没有一定的数量是没办法进行的，为了使每件产品达到标准，必须要反复实践，周而复始，每件产品上需要消耗的人力、物力是我无力支撑的，所以需要您的帮助，谢谢！

（5）支持等级与回报

● **无私支持**：感谢您的无私奉献，您的这份捐赠将助我们的梦想飞更高更远。

● **50 元**：O 形花瓶一个；玻璃培养器一支（尺寸 125 mm×50 mm×90 mm）。

● **100 元**：奇幻泡球灯一个； LED 光源（灯珠）一个；适配器电源线一条（产品总体尺寸规格 118 mm×118 mm×190 mm），正面如图，背面有按钮和插孔，LED 光源灯珠为 12V 输出安全用电。

● **150 元**：U 形花瓶高瓶一个；U 形花矮高瓶一个；实木小礼品一份。

● **600 元**：O 形花瓶一个；奇幻泡球灯一个，LED 光源一个（灯珠），适配器电源一个；实木挂钟一个；微网两年代理权，微网代理权范围及权限，首先仅限于微信、微店、各 App 渠道的销售，不能做淘宝、天猫、京东等网店商和实体店面的营销；我们将提供图片以及相关信息供代理商应用；代理商需要在各微网使用图文营销，成单打款，我们直接给顾客发货，不直接供货给代理商。

奖励式众筹和团购

因为奖励式众筹的回报是获得商品或服务，其直接表现形态类似"团购"或者"预售"，但它们本质是不同的。

首先对象不同，团购是针对已有的成熟产品，而众筹是针对全新的未面世的产品。其次价格非决定因素，团购就是低价购买商品，买到就是赚到，而众筹不以融资金额为最终目的。

不过需要注意的是，目前国内的一些众筹项目的产品——已成型的产品，该众筹的实质上就是团购。

1.3.3 股权式众筹

股权式众筹主要是指通过网络的较早期的私募股权投资，目前的股权众筹网站大多针对的是机构投资人或者天使投资人。主要的股权众筹方式有如下两种。

第一种是直接股权投资，是指筹资人在众筹平台上创建项目，发起融资需求，投资者根据自己的风险承受能力、兴趣爱好等因素，在认可筹资人的项目理念后，通过众筹平台投入相应资金，与其他共同投资者就该项目成立一个新的创业主体，从而使每个投资者都成为原始股东的众筹方式。

这种众筹方式适用于尚未成立主体的项目情况，能否成功融资的关键在于筹资人拟创建的项目理念是否能够吸引其他线上的潜在投资者。

第二种是借助合伙企业间接投资，它在直接投资之间多了一个银行与合伙机构，具体的投资步骤如图 1-30 所示。

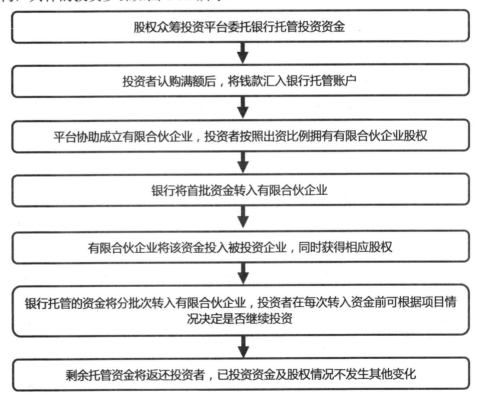

图 1-30　借助合伙企业间接投资的股权众筹投资

下面来看一个股权式众筹的案例。

（1）项目名称

小康便民服务站。

（2）项目发起人

股权式众筹的项目发起人一般是众筹项目法人，已经创办或正在创办的创业项目。

彩象科技信息有限公司。

（3）项目基本介绍

股权式项目因为是让投资者参与投资，因此需要对该项目有详细的介绍，如公司的现状、经营方式等。

在中国全面建设小康社会的宏伟蓝图中，合肥彩象信息科技有限公司积极响应国家"十二五"规划，立足于安徽，面向全国设立小康便民服务站，帮助居民处理好各项生活。

（4）项目包装

首先需要通过丰富的图片展示项目情况，如公司经营图片、数据图表、资质证明等，如图1-31所示。

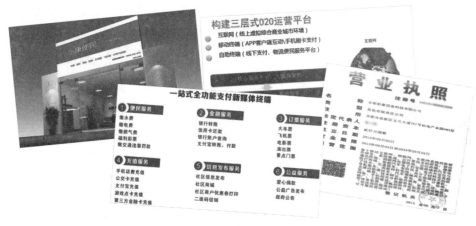

图1-31　小康便民服务站众筹图片展示

此外，股权式众筹也必须有丰富的文字包装，这些文字不需要过分地进行修饰，只需要简单明确的阐述其项目及众筹目标即可，另外，股权式众筹还必须有较为详细的风险提示。

为什么我需要您的支持：有了您的支持，我们就能更快地打造智能化社区，让小康便民服务站能够更好地服务于每个社区。

融资及用途：转让 50% 股权，融资金额为 100 万元，资金的详细用途：房租、设备、装修、人员。

项目优势：拥有自己的软件研发团队，打彩团队，该项目是由中国城乡小康发展中心和中国体彩授权发起。

成长数据：现在安徽省已有直营店 20 家，在苏州和杭州已成立了分公司。

目标客户：适合所有社区居民，店面定位社区、工厂、学校等人群密集的区域。

未来规划：目标实现第一年在安徽省开 200 家直营店，然后向全国发展。

风险提示：随着互联网彩票开发相关产业技术的不断成熟，必然有更多的投资者及强势企业会将目光盯向这块营养丰富的大蛋糕，加大对该领域的投入力度，这将对行业内故步自封、不求进取、管理不善的企业形成严重挤压与威胁，因此投资者可能面临一定的失败风险。

（5）支持等级与回报

因为股权式众筹的回报是以投资的多少来确定股份，因此没有具体的回报标准，虽然它不像其他的投资产品，但股权式众筹也有不同等级的支持标准。

此项目必须在 2015 年 3 月 31 日 9:40 之前，达到 1 000 000 元的目标。

- 认投 100 元：回报 300 元彩金。
- 认投 1 000 元：可享受盈利分红。
- 认投 5 000 元：可享受盈利分红。
- 认投 10 000 元：可享受盈利分红。
- 认投 20 000 元：可享受盈利分红。
- 认投 50 000 元：可享受盈利分红。
- 认投 200 000 元：可享受盈利分红，直接成为代理商。

1.3.4 债权式众筹

所谓债权，就是在本章开始时介绍的 P2P 网贷理财，不同的投资者在 P2P 网站上的项目进行投资，而债权式众筹平台就是 P2P 平台，投资者按照投资比例获得债权，未来获取利息收益并收回本金。

下面通过表 1-3 来简单看看债权式众筹和其他众筹的主要区别。

表 1-3　债权式众筹与其他众筹

比较项目	债权式众筹（P2P）	其他众筹
回报	债权式众筹为利息回报	除了股权式众筹，回报多是实物或相关服务
筹资对象	债权式众筹的主要对象是有资金需要的企业和个人	其他众筹的筹资对象比债权式众筹更广，任何创意都可以参与
投资方金额	债权式众筹的投资金额可多可少，按照比例进行分红	其他众筹则必须按照筹资人设置的投资等级支持
投资平台	债权式众筹有专门的 P2P 平台	其他众筹是通过众筹平台参与
时间期限	债权式众筹的投资期限可长可短，有明确的还款时间	其他众筹在投资期限上一般以某个事件的结束来判断期限

下面就来简单介绍一个已经筹款成功的债权式众筹（P2P）的例子。

（1）项目名称

购买货物/原材/设备。

（2）项目发起人

ChenLP_4811412775.yx（人人贷 P2P 平台 ID 名称）。

公司法人代表，现居重庆市，从事农、林、牧、渔业行业，经营稳定，收入良好，贷款用于购买货物/原材/设备。上述信息已经实地认证方友众信业公司考察认证。同时，经审核，借款人所提供资料真实有效，符合借款审核标准。

此外项目发起人还需要有具体的个人经营情况介绍，这对顺利筹资是非常重要的，具体如图 1-32 所示。

昵　称	ChenLP... ♂	公司行业	农业	收入范围	50000元以上		
年　龄	57	公司规模	10人以下	房　产	☑有 ☐无		
学　历	高中或以下	岗位职位	法人	房　贷	☑有 ☐无		
学　校	--	工作城市	重庆 重庆市	车　产	☑有 ☐无		
婚　姻	离异	工作时间	1年（含）以下	车　贷	☐有 ☑无		

图 1-32　项目发起人信息

（3）借款信息

借款信息是债券式众筹最重要的一个方面，它需要标明借款金额、利率、还款期限、还款方式等。

- **标的总额：** 67 000 元。

- **年利率：** 11.40%

- **还款期限：** 18 个月。

- **提前还款费率：** 0.00%。

- **保障方式：** 本金+利息。

- **还款方式：** 按月还款/等额本息。

- **月还本息：** 4 073.60 元。

（4）投标记录

一次债权式众筹的投标记录需要明确的展示，投资者可根据这些记录来确定自己是否参与投资，如图 1-33 所示。

			加入人次 44 人	投标总额 67,000元
序号	投标人	投标金额		投标时间
1	yhz862008	50.00元		2015-01-04 21:14
2	快乐猪猪123	50.00元		2015-01-04 21:14
3	亚雅	50.00元		2015-01-04 21:14
6	沈金帅 📱	50.00元		2015-01-04 21:18
7	yy1387 📱	10050.00元		2015-01-04 21:25
8	和颜悦色 📱	500.00元		2015-01-04 21:25

图 1-33　投标记录

Part 02

了解不同的众筹案例

通过第一章的内容，我们已经对众筹的基本理论有了详细的认识，众筹还有其他的分类方式，其项目也非常多。在本章中，将通过列举不同的众筹案例，来看看不同的项目应该如何巧妙参与。

◇ 几种特殊模式下的众筹
◇ 国内垂直平台下的众筹

2.1 几种特殊模式下的众筹

第一章我们认识了国内四种模式,其实众筹还有一些较为特殊的筹资方式,如凭证式众筹、天使式众筹、会籍式众筹等,下面就来看看这些众筹方式及其案例。

2.1.1 凭证式众筹——美微创投

2012 年 10 月 5 日,在淘宝网出现了一家店铺,名为"美微会员卡在线直营店",该店铺的销售方式就被认为是凭证式众筹。

这家"美微会员卡在线直营店"店主是美微传媒的创始人朱某,以前在多家互联网公司担任高管,有非常丰富的互联网经营经验。

该店的销售模式是消费者可在淘宝店拍下相应金额会员卡,但这不是简单的会员卡,除了能够享有"订阅电子杂志"的权益外,还可以拥有美微传媒的原始股份,单位凭证为 1.2 元,最低认购单位为 100 股。

也就是说消费者只需要花 120 元就可以成为美微传媒 100 股的原始股东,凭借着诱人的利益,从 2012 年 10 月 5 日~2013 年 2 月 3 日,美微传媒共进行了两轮募集,一共有 1 191 名会员通过淘宝网参与了认购,总数为 68 万股,筹集总金额(人民币)81.6 万元。

此次投资,美微传媒创立初衷是建立电视、杂志和网络的跨媒体营销平台,公司的整体目标是将商业电视节目进行网络营销推广,而发行原始股的目的,就是为了募集资金支持节目运作。

美微传媒的失败

美微传媒的凭证式众筹在网络上引起了巨大的争议,虽然募集了不少资金,但还未等交易全部完成,美微的淘宝店铺就于 2 月 5 日被淘宝官方关闭,淘宝官方宣布不允许任何集资行为。而证监会最后宣布该融资行为不合规,美微传媒不得不向所有通过淘宝等公开渠道购买凭证的投资者全额退款。

美微创投的凭证式众筹既有股权式众筹的特点，也有奖励式众筹的特征，最终它的失败带来了对众筹的反思，但却可以从中总结出相关凭证式众筹的经验，如图 2-1 所示。

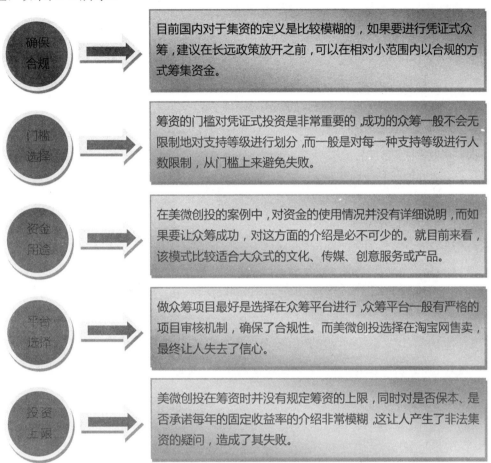

图 2-1　美微创投的反思

2.1.2　天使式众筹——大家投

　　大家投是国内较为领先的一家天使式众筹平台，其众筹的模式是当创业项目人在平台上发布项目后，吸引到足够数量的小额投资人（天使投资人），并凑满融资额度后，投资人就按照各自出资比例成立有限合伙企业（领投人任普通合伙人，跟投人任有限合伙人），然后以该有限合伙企业法人身份入股被投项目公司，持有项目公司出让的股份。

　　大家投网站的主页（http://dajiatou.cn/）如图 2-2 所示。

图 2-2　大家投主页

"大家投"网站上有非常多的天使式众筹投资项目,投资者可以随意参与,其实"大家投"本身就是一个天使式众筹项目。

2012,"大家投"的创始人萌发了创立大家投网站的想法,可惜他资金不足,也不认识资金雄厚的天使投资人。但是他想到,除了那些能几十万元上百万元投资的天使投资人之外,中国还有大量有点存款、闲钱的人,这些人也是参与天使投资最好的选择。

于是初期的大家投网站的雏形已经做出来,它就是一个众筹网站,把创业者的商业想法展示出来,把投资人会聚起来,让他们更有效率地选择。

在那时,中国最早的众筹网站——点名时间——已经推出一年多,然而当时的众筹网站推出的都是回报式的项目,因此创业者认为把众筹作为一种购买行为会限制它的成长速度和规模,如果作为投资行为更符合大家参与众筹的需求。于是,他决定做一个股权融资模式的众筹网站。

"大家投"上线之后,通过网站的推广,成功筹得 100 万元人民币,在项目团队只有自己一个人的情况下获得共计 12 名投资人的支持,而在这 12 名投资人中,有投资经验的只有 5 个,这就是天使众筹的力量。

在此期间,"大家投"共做了 5 件大事。

● 给"大家投"众筹了一笔天使投资。

● 推出领头人+跟投人的机制。

● 推出先成立有限合伙企业再入股项目公司的投资人持股制度。

● 推出资金托管产品"投付宝"。

● "大家投"开始了自身之外的成功众筹案例。

以大家投网站为例，来看看天使式众筹的运营方式。

某个创业者的创业项目需要融资 100 万元人民币，出让 20%股份，通过"大家投"就可以实现。

A 投资人做领投人认投 5 万元。

B 投资人做跟投人认投 20 万元。

C 投资人做跟投人认投 10 万元。

D 投资人做跟投人认投 3 万元。

E 投资人做跟投人认投 50 万元。

F 投资人做跟投人认投 12 万元。

这样凑满融资额度后，投资人就按照各自出资比例占有创业公司出让的 20%的股份，然后再转入线下办理有限合伙企业成立、投资协议签订、工商变更等手续，该项目天使期融资就算胜利完成。

2.1.3　会籍式众筹——3W 咖啡

会籍式众筹是指由不超过 200 人的股东每人出一份钱去完成一件事，因为众筹聚集了一群有共同价值观的人在一起，因为一个项目而发生关联。这种股东级别的众筹更多的是搭建一个交际圈平台，大家都是股东，相互之间发生了联系，产生了交集，同时可以把自己的资源在股东之间相互共享，从而产生更大的价值。

会籍式众筹最好的例子就是 3W 咖啡。

3W 咖啡的成立，采用向社会募集资金的形式，约定每个投资者持有 10 股，每股 6 000 元进行投资。因为投资方式的创新，3W 咖啡很快就募集了不少的资金，其中投资者包括许多知名投资人。

3W 咖啡的游戏规则很简单，不是所有人都可以成为 3W 咖啡的股东，也就是说不是你有 6 万就可以参与投资，参与 3W 咖啡投资的股东必须符合一定的条件。3W 强调的是互联网创业和投资圈的顶级交际圈。而没有人会为了 6 万未来可以带来的分红来投资的，更多是 3W 咖啡给股东的价值回报在于交际圈和人际关系价值。

如果投资人在 3W 咖啡中找到了一个好项目，那么 6 万元就创造了更多的价值，这也就是会籍式众筹的特点。

会籍式众筹出现的种类也有很多，通过众筹股东之间直接拥有了无数个深层次联系的人，这些联系人分布于各行各业，而这些都是大家在创业路上或者人生征途中的宝贵资源。每个人都有可能拥有别人没有的资源，只是这部分资源是分散的，更多的时候是处于休眠状态，当会籍式众筹出现后就有可能把这些处于休眠状态的资源激活。

其他会籍式众筹

咖啡馆是会籍式众筹比较成熟的项目，目前比较出名的是北京大学 1898 咖啡厅、3W 创业咖啡、车库咖啡、贝塔咖啡等。

此次之外，还有众筹会所、众筹茶馆、众筹农庄等一个又一个众筹项目不断踊跃出现。

通过前面的内容，我们认识了 3 种较为特殊的众筹项目，那么这 3 种方式有什么区别呢，如表 2-1 所示进行了纵向的比较。

表 2-1　3 种众筹方法的比较

对比项目	美微创投	3W 咖啡	大家投
最低额度	120 元	60 000 元	一般最低 2 万~3 万元
单个项目投资人数量	多，超过 1 000 人	中等，近 200 人	偏少，不超过 40 人
投资人身份	没有限制	小圈子	没有限制
投资人动机	纯支持居多，小额门槛低，财物回报目的并不明确	投资人以股东身份进入行业圈为目的，无投资财务回报目的	既有支持目的，也有获取财务回报目的

续表

对比项目	美微创投	3W 咖啡	大家投
投资人的持股方式	协议代持	协议代持	投资人先成立有限合伙企业，再以有限合伙企业入股项目公司
投资人的退出机制	公司溢价20%回购	无明确的退出机制	上市，并购，出售原始股，管理层回购都可
适合人群	草根创业者	小圈子意见领袖	有一定感召力的普通创业者
投资人对资金的管理	投资资金一次性到账，无监管	投资资金一次性到账，监管机制不成熟	投资资金分批到账，第三方银行监管
投前决策	项目资料简单、没有尽职调查、估值议价流程	项目资料简单，更多看项目发起人的魅力和圈子	领投人负责项目分析、尽职调查、估值议价；跟投人对照项目资料可以约谈创业者
投后管理	参与股东大会行使完整股东权力	参与股东大会行使完整股东权力	领投人参与董事会行使权力，跟投人在有限合伙企业内行使合伙人权力不参与项目、公司股东会与董事会
适合垂直类型	新产品、创意、文化、传媒	会所、餐饮、等高频消费中高端服务场所	高风险高回报的科技型企业

2.2 国内垂直平台下的众筹

在表 2-1 的最后讲到众筹的垂直，所谓众筹的垂直，就是将梦想定义为横向 X 轴，价值观定义为纵向 Y 轴，垂直众筹就是完全抛开梦想，准确定位用户，以价值大小来取舍的众筹项目。

垂直众筹是目前国内流行的众筹模式，简单说就是根据标的物的种类来分类。下面我们就详细来介绍不同的垂直众筹项目。

2.2.1　农业众筹——逐渐未来农庄

所谓农业众筹，就是项目的资金用途及回报都与农业也关，既可以是农产品回报，也可以是农业服务。下面就来看一个农业众筹的案例。

(1) 项目名称

85 后筹建未来农庄，共创新农业梦。

(2) 项目发起人

有五个人为共同的梦想走到了一起，我叫宋××，毕业于滨州学院，经济管理专业，2012 年加入中国青年国际创业计划烟台 YBC，2014 取得中国农业大学（烟台研究院）新型农民创业培训最优学员荣誉。

宋××毕业于青岛农业大学，董××高中毕业，姜××高中毕业，闫××毕业于山东外国语职业学院酒店管理专业，我们都出身寒门，都有一颗敢拼敢打的心，我们相信"苦心人天不负，三千越甲可吞吴"。我们相信只要我们用心、勤奋，一定能走出一条属于自己的光明大道。

(3) 产品包装

农业众筹项目的包装在于写实与发展，通过文字和图片，吸引更多的人参与众筹项目中。具体的图片如图 2-3 所示。

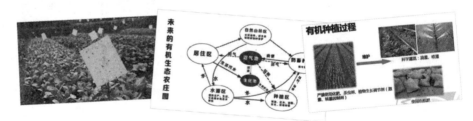

图 2-3 未来农庄中的图片包装

我国农业现在面临的主要问题是农业生产污染严重，化肥农药的过量使用，导致土地质量下降，有机质下降 0.5%，严重盐渍化。化肥农药施用量（平均每千公顷耕地：中国为 341 吨，印度 129 吨，墨西哥只有 69 吨，澳大利亚仅有 44.8 吨）是世界平均水平的 3.5 倍。国外农业基本是专业化生产、规模化建设、系列化加工和社会化服务，做到绿色开发、绿色生产加工、绿色销售，已达到产业化。

打造新型农业示范基地，做到生产、加工、旅游和服务于一体的循环生态农庄。让垃圾食品消失，没有雾霾，没有疾病。资金用于完善农场安全质量保证体系，土壤的营养管理及保护耕作，农作物生产规范等，最终实现高科技农业，生态农业，都市型农业，安全的农业。

（4）目标与资金用途

此项目必须在 2015 年 1 月 17 日前得到 100 000 元的支持才可成功。

我承诺所有蔬菜为有机蔬菜，新鲜蔬菜，在运输过程中出现破坏的地方或者不新鲜保证退换，项目建成后一年内免费体验农场生活为您提供家庭式，会议室等多样式休闲温馨场地。有机菜中包含蔬菜有：西红柿、黄瓜、香菜等。

（5）支持等级与回报

● **无私支持**：感谢您的无私奉献，您的捐赠将助我们的梦想飞得更高。

● 100 元：获得 1 箱有机菜；农庄会员卡一张，购物、旅游享九折优惠；自制未来农庄二维码卡片一张。

● 520 元：获得 4 箱有机菜；农庄会员卡一张，购物、旅游享九折优惠；自制未来农庄二维码卡片一张；生态农庄有机红豆最相思礼品瓶一只。

● 1 300 元：获得 10 箱有机菜；农庄会员卡一张，购物、旅游享九折优惠；自制未来农庄二维码卡片一张；生态农庄有机红豆最相思礼品瓶一只。

● 10 000 元：获得 100 箱有机菜；农庄会员卡一张，购物、旅游享九折优惠；自制未来农庄二维码卡片一张；生态农庄有机红豆最相思礼品瓶一只，可印制企业 Logo；获得五年内免费体验农场生活名额；独家录制烟台螳螂拳传统武术文化庆典 CD 一套。

● 12 000 元：获得 100 箱农庄有机菜；农庄会员卡一张，购物、旅游享九折优惠；自制未来农庄二维码卡片一张；生态农庄有机红豆最相思礼品瓶一只，可印制企业 Logo；获得五年内免费体验农场生活名额；独家录制烟台螳螂拳传统武术文化庆典 CD 一套；农庄黑山羊一只。

以上就是农业众筹案例，融合了梦想支持与实物回报，是发展较好的众筹项目之一。

2.2.2　科技众筹——MIPOW 魔泡

虽然国内最早的众筹平台"点名时间"已经退出了众筹领域，但它最早做的众筹项目就是科技产品类众筹。而如今，科技类众筹是回报类众筹中最常见的，具体来看下例。

（1）项目名称

MIPOW 魔泡 Rainbow——APP 遥控变色 LED 智能灯泡。

（2）项目发起人

科技类众筹项目的回报产品一般无法由个人完成，因此项目发起人一般为公司或代理商。

MIPOW：从 2010 年成立以来，MIPOW 就展示出国际化的设计理念，与众不同的设计风格。其产品设计感与功能性兼备，造型简洁纯粹、时尚活力、典雅独特。短短三年内在国际各项设计大奖上屡获殊荣，包括有"设计奥斯卡"之称的德国红点设计奖和 iF 设计奖、日本 Good Design 大奖、美国 IDEA 大奖等，共夺得 23 项国际设计大奖，其中 2012 年 2 项，2013 年 8 项，2014 年 13 项。到目前为止共获 62 项国家授权专利，其中实用新型专利 28 项，外观设计专利 34 项。在国际上备受瞩目。

（3）产品包装

科技类众筹产品的图片包装不能太过简单，需要是经过加工过的广告图片，这样才能更好地吸引投资者，如图 2-4 所示。

图 2-4　MIPOW 魔泡 Rainbow 众筹的图片包装

（4）目标与资金用途

此项目必须在 2015 年 1 月 7 日前得到 5 000 元的支持才可成功。

众筹对我们来说是一个很好的宣传公司品牌的方式。我们一直以打造与众不同的设计风格，提高生活质量为宗旨。我们希望每一个参与者，都能爱自己，爱家人，享受生活，因为未来的路很长，只有爱才可以永恒。

我们承诺在项目结束后 30 天内给我们的支持者开发出产品，让您第一时间收到礼品。

（5）支持等级与回报

● **无私支持**：感谢您的无私奉献，您的这份捐赠将助我们的梦想飞得更高更远。

● **1 元**：参与 1 元抽选体验活动的支持者，随机抽取 15 位幸运支持者，每位幸运支持者都将获得魔泡 MIPOW PlayBulb Rainbow 1 只。

● **98 元**：MIPOW 智能灯泡一只（包邮）。

● **138 元**：MIPOW 智能灯泡一只与 MIPOW 智能蜡烛 1 只（包邮）。

● **278 元**：MIPOW 智能灯泡 3 只（包邮）。

● **878 元**：MIPOW 智能灯泡 10 只（包邮）。

科技众筹的团购陷阱

上一章中介绍了回报式众筹与团购类似，在垂直众筹平台的科技类众筹中，这种表现更为明显。

在上例中，支持的价格就是销售的价格，同时支持越多回报越多，可以理解为买得越多越便宜。

2.2.3　电影众筹——《错过》

电影众筹是最近新出现的众筹项目，它一般是有两种运作形式，一是回报式众筹，投资者对电影项目进行支持，最终活动电影票、电影纪念品等。这种方式适合为一些没有投资方的电影爱好者拍摄的电影筹资。

二是债权类众筹，投资者对项目进行支持，电影上映后所获票房收入将作为股份分红给投资者。

下面就来认识第一种回报式电影众筹的案例。

（1）项目名称

复旦大学学生独立微电影《错过》。

（2）项目发起人

电影众筹没有特定的项目发起人，一般会在项目中写明该电影的制作人、导演及其他演职人员。

张××，导演、编剧、摄影，复旦大学 2012 级环境科学与工程系学生。

金××，首席摄影，复旦大学 2012 级历史系学生。

朴××，男主角，复旦大学 2013 级韩国留学生。

（3）项目包装

电影众筹的项目包装一般不是详细的产品，而是电影的创作过程以及电影海报剧照，具体如图 2-5 所示。

图 2-5　MIPOW 魔泡 Rainbow 众筹的图片包装

最初，这只是我们导演的一个课程作业，我们怀有浪漫情怀的导演设想了无数美好小清新的场面，想通过微电影呈现出来，这部微电影到后来绝不只是导演一个人的作业，而是我们一群人的努力与执着。

我们的微电影从五月中旬已经开始拍摄，到目前为止所需的镜头基本拍摄完毕。本着精益求精的精神，之后我们还将对个别镜头进行补拍，预计七月中旬完成所有拍摄。

之后会进行后期制作，预计八月初完成所有剪辑及调色处理。根据众筹时间，若项目成功，也将在八月初完成剪辑后开始实现回报。

（4）目标与资金用途

此项目必须在 2014 年 8 月 5 日前得到 5 000 元的支持才可成功。

本着不能让拉来的劳动力也承受同样经济压力的原则，我们希望得到你们的帮助。我们需要的也不多，只求能在交通、餐饮及部分摄影器材上获得一定支持。

资金用途主要是为剧组成员往返交通；剧组成员餐饮——全家盒饭档次；摄影器材，包括小型航拍飞机、反光板、打光灯等。

（5）支持等级与回报

- **无私支持**：感谢您的无私奉献，您的这份捐赠将助我们的梦想飞得更高更远。

- **20 元**：高清全片第一时间在线加密观看；字幕感谢；导演亲自寄出复旦明信片或剧照明信片一张。

- **50 元**：高清全片第一时间在线加密观看；字幕感谢；导演寄出复旦大学明信片或剧照明信片一张；本片 DVD 精美光盘+导演及主创团队签名。

- **100 元**：高清全片第一时间在线加密观看；字幕感谢；手绘复旦明信片或剧照明信片一套（10 张空白）及导演寄出复旦大学明信片或剧照明信片一张；本片 DVD 精美光盘+导演及主创团队签名。

- **500 元**：高清全片第一时间在线加密观看；您的名字将作为联合出品人出现在影片字幕中；手绘复旦明信片或剧照明信片一套(10 张空白)及导演寄出复旦大学明信片或剧照明信片一张；本片 DVD 精美光盘+导演及主创团队签名；赠送复旦大学校名手表一只；赠送复旦大学校名 T 恤一件。

电影众筹还可能涉及粉丝行为，这样发动的项目是纯支持型的众筹，没有任何回报，完全是粉丝对演员无条件支持的行为。

2.2.4　音乐众筹——"爱在中国"音乐会

在垂直平台下,音乐众筹的范围是比较广泛的,既有对音乐人创作的支持,也有对演出者的支持, 也有对音乐专辑发行的支持。

从回报方式上说, 音乐众筹也是非常多样的,有专辑唱片、演出门票等实物回报,有销售额的股权式回报,也有对偶像纯支持不计算回报。

音乐众筹是如今众筹市场上非常火爆的一种,许多音乐人或演出商都会采用这样的方式,下面来看一个案例。

（1）项目名称

歌舞欢乐颂－2015"爱在中国"音乐会。

（2）项目发起人

音乐众筹的发起人一般是音乐人自己或演出商，因此项目发起人一般为对歌手的介绍或参演人员的介绍。

秀豆文化传播有限公司成立于 2008 年，主要承办各种大型商业演出，并以"酷秀"的形式展现各种文化演出艺术的精髓。在过去的 6 年中，秀豆文化举办了多场大型中外演唱会、音乐会，赢得了大量群众的参与、好评，也为秀豆文化的发展奠定了更深的基础。

在 2015 年，秀豆文化致力打造交响歌舞剧，将交响乐的华丽与歌舞剧的感染力相结合，这跨界的创意组合又将迎来崭新的挑战，相信这华美的组合一定会给大家带来惊奇的震撼。

（3）项目包装

音乐类众筹的包装和其他众筹项目不同，它不需要太多的修饰，只需有写实的照片即可，如图 2-6 所示。另外，音乐类众筹的项目包装最好是加上音频、视频文件，这样可以吸引更多的参与者。

图 2-6 "爱在中国"音乐会的图片包装

一般出版物需要载明详细内容，如光盘中有哪些歌曲等。而演出类项目需要写明演出的时间、地点等。

首站歌舞欢乐颂将于 2015 年 5 月在成都开启，同时秀豆文化也将重金聘请多组知名的年轻乐团和外籍青年歌舞团与大家共度华美狂欢夜。

我们诚邀您共赴歌舞欢乐颂，感受如夏花般绚烂的舞美、如烟火般闪耀的灯光，欣赏"翩若惊鸿，宛若游龙"般的舞蹈、好听到"沉醉不知归路"的音乐，给您一个别具意义的华美狂欢 show。

　　地点：成都锦城艺术宫。

　　时间：2015 年 5 月。

（4）众筹目标

此项目必须在 2014 年 12 月 16 日前得到 600 000 元的支持才可成功。

（5）支持等级与回报

● **无私支持**：感谢您的无私奉献，您的这份捐赠将助我们的梦想飞得更高更远。

● 180 元：价值 180 元的演出票一张。

● 380 元：价值 380 元的演出票一张。

● 680 元：价值 680 元的演出票一张。

● 1 280 元：价值 1 280 元的演出票一张。

● 450 000 元：享有音乐会唯一指定合作品牌 荣誉。

演出众筹的支持实质

在上面的例子中，对该类演出音乐众筹的支持实质就是购买演出门票，这需要投资者格外注意。

另外，类似最后一个支持等级，涉及金额非常大，一般是特别的赞助，如该音乐会的赞助商进行支持。

2.2.5　出版众筹——弘明国学《原本道德真经》

出版类众筹是在垂直平台下较为火爆的一类，参与者一般直接获得出版物，它打破了作家和读者之间的障碍，颠覆传统出版流程，让图书出版更加贴近读者。下面就来看一个图书出版的众筹项目。

（1）项目名称

弘明国学《原本道德真经》。

（2）项目发起人

图书类众筹的项目发起人一般是作者或者出版社。

阎××与李××也悦之，遂于黄帝历4712年（暨西历2014年）秋，重返太行故居，于山西沁源县开办弘明国学馆。

上面的内容主要是对写作工作室的介绍，用文言文写作突显了该图书的特点，可以让更多的投资者参与其中。另外发起人还包括作者简介。

阎××，祖籍山西沁源县。中国矿业大学环境工程专业学士，大连理工大学应用化学专业硕士，北京科技大学材料科学与工程专业博士，中国科学院生态环境研究中心博士后出站。

李××，祖籍江苏江阴。毕业于首都经贸大学，本科学历。10年4A广告公司从业经历。李××在弘明国学馆中的职责，主要是负责对释译书稿进行校订与整理，研究结果的网络发布与应答，以及馆中事项的统筹管理。

（3）项目包装

出版类众筹的项目包装比较重要，因为出版物无法直观展示出来，只能用文字进行主要内容的列举。

此次弘明国学馆计划众筹出版的书名为《原本道德真经》。这是弘明国学馆继《南华真经释义》之后又一本大破大立的鼎力巨著。《原本道德真经》的释文，是阎××与李××依法理之本然，在甲骨文和金文基础上对汉字字源本义进行准确剖析，参详河上公[战国]《老子章句》、王弼[魏]《老子道德经注》、傅奕[唐]《道德经古本篇》、郭店楚竹简本《道德真经》、帛书《道德真经》甲、乙本六本《道德真经》经文的基础上汇集而成。

《原本道德真经》内容节选：

"道可道，非恒道"。

【弘明诠释】本句经文的意思是说，证道行道都要取法与自身德性相适应的道法，但一切有为法都是借以成就的手段和途径，并非道果本身，所以不应执著有为法为真。这句经文中，"可"字的字义需要特别注意。"可"字本义是以歌助劳。以歌助劳可以有效减轻劳作带来的身心负累，如果世人能弄清楚人生的意义何在，又能取法与自身相应之道法依理而行，那么，多苦多难的人生都会变成真正快乐和幸福的人生。

除此之外，图片包装也比较重要，出版众筹因为图书还没有出版，因此大多为主要内容的图片或作者往期的作品，如图2-7所示。

图 2-7　《原本道德真经》众筹的图片包装

（4）目标与资金用途

此项目必须在 2015 年 1 月 3 日前得到 50 000 元的支持才可成功。

所筹资金全部用于《原本道德真经》的出版、编辑、校对、流通等相关工作费用。

另外，本书已经联系过国家级出版社，只要资金到位，即可进入编辑、审查、出版的流程。国家级出版社对书稿的编辑审核比较严格，出版周期可能会较长一点。敬请众筹的朋友耐心等待。

（5）支持等级与回报

● **无私支持**：感谢您的无私奉献，您的这份捐赠将助我们的梦想飞得更高更远。

● **60 元**：获得弘明国学馆回赠的作者亲笔签名书籍《原本道德真经》1 册；支持者的名单均将在书中一并刊出，以表感谢。

● **200 元**：获得弘明国学馆回赠的作者亲笔签名书籍 2 册；支持者名单均将在书中一并刊出；成为弘明国学馆会员，可与弘明国学馆利用微信、电子邮件或 QQ 联系，解答书中疑问。

● **1 000 元**：获得弘明国学馆回赠的作者亲笔签名书籍 10 册；支持者名单均将在书中一并刊出；成为弘明国学馆会员，可与弘明国学馆利用微信、电子邮件或 QQ 联系，进行长期国学交流。

● **10 000 元**：获得弘明国学馆回赠的作者亲笔签名书籍 10 册；该支持等级主要针对企业，支持企业名单将在书中刊出，以表感谢；如需要，可免费为支持企业进行国学课程《原本道德真经》讲座一次。

在进行出版众筹的时候，如果涉及署名等权益问题，可与作者或出版社联系，确定是否署名。

2.2.6　会籍众筹——咖啡馆梦想

在前面介绍会籍式众筹的时候我们讲到了 3W 咖啡，清楚它并不是所有人都可以参与投资。然而如今在众筹市场上也有很多人人都可以参与的会籍式众筹，下面我们就来看一个咖啡馆的案例。

(1) 项目名称

2 000 位互动支持人，成就属于您的书吧、您的咖啡馆梦想。

(2) 项目发起人

我们知道会籍式众筹的领头人是非常重要的，会籍式众筹除了对该项目的基本介绍之外，还包括对领头人的介绍。

一个以书为主题的咖啡馆，支持者将获得会员身份免费借阅图书，并享受消费的折扣，在联盟店也可享受折扣优惠。

王××，中国咖啡馆联盟掌门人，男，42 岁，中级调酒师、咖啡师，自 1998 年以来，一直在北京从事酒吧、咖啡馆、西餐方面的吧台及店面经营管理工作，有着咖啡馆行业丰富的经营管理经验，一直再对咖啡行业现状进行深入的研究，并负责中国咖啡馆联盟公益事业的全面营运工作。

李××，中国咖啡馆联盟顾问，《就想开家咖啡馆》一书的作者，韩版漫咖啡风格开店专家，智通六意（北京）国际餐饮管理有限公司总经理。

(3) 项目包装

会籍式众筹项目的包装比其他垂直平台下的项目更加重要，它需要将项目的每一个细节都详细展示，同时要让支持者看到从中可以获得效益，否则很难获得投资人的支持。

首先，要让支持者知道该会籍众筹项目是什么。

中国咖啡馆联盟是由东方元亨（北京）投资管理有限公司投资，并由中咖盟盟主联手中国的咖啡馆馆主们自发组织的一个遍及全国各地的咖啡馆行业的民间公益性联盟体组织。此项目就是号召更多的人加入中国咖啡馆联盟下的咖啡馆中。

地址位于北京市西城区和平门地铁口北侧，属于首都的心脏地带，面积 500 平方米，是一个 24 小时营业的以书为主题的咖啡馆。

其次，需要支持者知道他在这个项目可以获得什么（注意，此时展示的并不是项目回报，而是回报之外的收获）。

在这里找到商务休闲、朋友聚会、情侣约会的所有元素和感受。

在这里您可以享受到现磨现煮的精品咖啡、意式咖啡，原装进口的红酒、中西名茶、健康有机的蔬果鲜榨汁以及风靡全国的港式甜品。

在这里，吃什么已经是次要的了，一杯咖啡，一本心仪的图书，一首牵动心弦的乐曲才是你感受第三空间，感受宁静，感受慵懒的理由。

有效资源整合、资源共享、咖啡文化的传播，倡导人们理性地消费、为咖啡馆行业输送优秀的人才。

开展咖啡馆方面的开店运营辅导业务，同时还开展咖啡馆方面延伸的体外循环商业项目。

除此之外，咖啡馆的图片展示也是必不可少的，具体如图 2-8 所示。

图 2-8　中咖联盟咖啡馆众筹的图片包装

（4）目标与资金用途

项目须在 2014 年 6 月 14 日之前达到 280 000 元的目标才算成功。

此店共需启动资金 120 万元左右，但目前还需要设计装修、设备等资金在 28 万元左右，所以现在想通过追梦网平台来实现我们的梦想和更多人的梦想！

我们希望通过 2 000 人，总共筹得 28 万元人民币，来解决装修和购买设备原料的资金缺口。

（5）支持等级与回报

● **无私支持**：感谢您的无私奉献，您的这份捐赠将助我们的梦想飞得更高更远。

● **100 元**：中咖盟 VIP 全国一卡通折扣优惠；由专人亲自指导学习到单

品咖啡的制作技术；私人定制服务，可以获得签名图书的提前预定服务和家庭图书馆的定制；一年内每次消费时可以在店内免费阅读售卖区的图书；在联盟店消费时第一次的第一杯咖啡免费或五折优惠。

- 200 元：100 元支持包含的所有内容；5 杯 40 元以下的免费饮品；一年内，每月可以凭此卡免费借阅两本但不超过售价 50 元的图书；可以免费注册成"服务号：cca010"的中咖盟啡友自媒体成员。

- 788 元：200 元支持包含的所有内容；一年内，每月每次凭卡免费借阅两本但不超过售价 150 元的图书；免费享用 20 杯 40 元之内的饮品；免费学会基本的甜品制作技术和简单的意式咖啡制作技术。

- 1 888 元：788 元支持包含的所有内容；全套饮品制作技术；免费享用 60 杯 40 元之内的饮品。

- 10 000 元：1 888 元支持包含的所有内容；继教院培育开店全套技术；免费享用 100 杯 40 元之内的饮品；如果开店，可以享受中咖盟一年的开店技术、人才、营销方面的支持。

国内会籍式众筹注意事项

在前面介绍的 3W 咖啡案例中，会籍众筹采用的是债券式的回报，而上面的例子采用的却是奖励式回报。

在国内如今大多数咖啡馆会籍众筹都采用这种会员+打折的方式进行回报，投资者首先要注意自己是否有这方面的兴趣，同时要明确所在城市，并监督服务是否完成。

2.2.7 艺术众筹——《国之瑰宝·江山如此多娇》

在垂直平台下，艺术众筹是比较宽泛的一个概念，它原本是为一些有创意的艺术家筹集资金，但在国内，已经成为了售卖公益品的平台，虽然也是通过众筹的方式，但需要投资者擦亮双眼。下面就来看一个例子。

(1) 项目名称

谱写中国画坛绝唱：《国之瑰宝·江山如此多娇》。

(2) 项目发起人

艺术众筹的发起人一般就是艺术家本人或者藏品的收藏机构。

藏易购隶属于北京东方银阁文化发展有限公司，公司旨在为全国收藏爱好者提供一个集现代收藏品的展示、购买、交易功能于一身的综合型专业网站，是现代收藏品行业成立最早的一批电子商务网站之一，至今已为数万名收藏爱好者提供了产品购买服务。

（3）项目包装

艺术众筹的包装比其他垂直众筹要重要得多，投资者只能通过众筹平台的保障来了解其产品的特点，主要内容包括对该产品的详细介绍，不同回报产品的规格等。

《江山如此多娇》画作尺寸16平尺，是傅抱石孙女——傅小红，以人民大会堂原画为蓝本，亲笔绘制《江山如此多娇》巨幅国画典藏，颇具其祖父傅抱石风韵，已被首都博物馆永久收藏。

《二湘图》画作尺寸16平尺，是傅小红写神之画。《二湘图》中的湘君和湘夫人相传是尧帝的两个女儿娥皇与女英。化身湘女嫁给舜，姐姐是正妃，称君；妹妹为二妃，称夫人。舜南行巡狩不幸去世，二妃闻之泪染湘竹成斑，并于湘江成神，后世将之传说为爱情忠贞的象征。

《沁园春•雪》是由傅抱石弟子傅大学亲笔创作完成，书法尺寸8平尺。

艺术类众筹的图片展示也是必不可少的， 如图2-9所示。

图2-9 《国之瑰宝•江山如此多娇》众筹的图片包装

（4）目标与资金用途

项目须在2014年11月17日之前达到55 000元的目标才算成功。

为纪念傅抱石诞辰110周年，百年寄情，谱写中国画坛绝唱，传承傅派山水书画经典，我们需要您的支持。

为了再现一代国画宗师傅抱石傅派山水书画，我们需要您的支持。

为了展示、研究、梳理、感悟和把握傅派文化，体现文化精神，我们需要您的支持。

（5）支持等级与回报

● **无私支持**：感谢您的无私奉献，您的这份捐赠将助我们的梦想飞得更高更远。

● **19 800 元**：获赠傅小红亲笔画《国之瑰宝•江山如此多娇书画真迹》一套，包含《江山如此多娇》、《二湘图》每幅十六平尺山水人物国画和傅大学亲笔手写《沁园春•雪》八平尺篆体书法；免费参加江苏 2014 年 11 月 22 日举行的傅小红书画作品展，和傅小红合影留念，与众多书画名家、鉴宝专家近距离接触，免费提供食宿。

● **39 600 元**：获赠傅小红亲笔画《国之瑰宝•江山如此多娇书画真迹》两套，免费参加江苏 2014 年 11 月 22 日举行的傅小红书画作品展，和傅小红合影留念，与众多书画名家、鉴宝专家近距离接触，提供食宿并报销往返路费。

Part 03

众筹的风险与法律法规

众筹在运作和发展过程中会面临非常多的问题，这些问题会给众筹的参与双方带来很大的风险，特别是在进入我国之后，众筹的标准就显得有些模糊了。为了更好地帮助大家玩转众筹，本章我们来认识众筹中的风险与相关法律法规。

◇ 众筹存在哪些问题
◇ 众筹可能面临的法律风险
◇ 众筹中应该注意的行政法规

3.1 众筹存在哪些问题

众筹进入中国不过短短几年，但如今已经有了非常庞大的市场，市场越做越大，面临的问题也越来越多。不管是众筹的发起者、支持者还是众筹平台，都应该积极面对这些问题，并在实际中进行改进。

3.1.1 众筹平台盈利模式的问题

第一章我们讲到，众筹平台的盈利模式一般是通过收取成功项目的手续费，如在人人投网站，平台会收取一个成功项目总投资金额的 5%作为手续费。在这样的条件下，可能会存在如图 3-1 所示的问题。

由谁支付

由谁支付手续费的问题一直是众筹发起者与支持者争论的焦点，目前众筹平台是从筹集的总金额中收取，也就是从发起者处收取。

收取标准

收取的标准也是不统一的，有的平台是直接收取一笔众筹项目手续费，而有的平台则是按照一定的比例收取。

总量较小

在国内的众筹项目，一般收取手续费是比较困难的，而且由于量很小，即便收取也没有意义。

后台操作

后台操作是众筹项目比较大的问题，许多参与者在后台已经建立好合作关系，却通过众筹进行投资，这给其他普通支持者造成了假象。

图 3-1 众筹盈利模式的问题

作为项目的发起者，在发起项目之前，一定要和平台进行沟通，清楚此次众筹需要缴纳哪些费用。

而作为项目的支持者，除了需要清楚是否需要支付手续费之外，还要看清支持等级中是否有隐藏价格。

3.1.2 众筹在国内的环境问题

众筹在国内发展时间较短，但市场庞大，因此会发生许多信用上的问题。在前面提到的美微创投失败的案例，正好就是众筹受挫的典型。

现阶段，我国法律、法规诸多规定都对众筹产生实质障碍，尤其是股权类众筹。所以，众筹始终在谨小慎微地进行，众筹市场也在走新的道路。

简单举个例子，证监会规定，如果向非特定对象公开发行股票，或者对超过 200 个特定的对象发行股票，都属于公开发行股票，如果是公开发行股票，发行主体都必须达到相关的监管要求。这样的要求就让众筹可能无法募集到更多的资金，发展受挫。

下面将通过几个典型的事件来展示众筹在中国的问题与发展。

（1）点名时间退出众筹

2011 年 5 月，点名时间以国内第一家众筹平台的形式正式上线，历时 3 年的发展让点名时间成为国内最大的众筹平台，但在 2014 年，点名时间却转型为智能硬件首发平台，彻底告别了"众筹"。

国内最早的一家众筹平台的谢幕，最大的原因就是因为众筹目前还没有像网购一样被人们所广泛接受，许多人不愿意通过"预付"的形式去购买一个还没有生产出来的产品。

另外，众筹产品的种类较为单一，又存在一定的风险，点名时间经过了 3 年的摸索，还是无法突破盈利模式的单一问题。

如今几乎所有的众筹平台都在寻求解决的办法，无法解决盈利模式，对众筹行业发展非常不利，不盈利的企业就不是好企业，也不利于市场的良性发展，这是中国众筹需要改变的现状。

（2）京东进军众筹行业

就在点名时间离开众筹行业时，京东商城作为电子产品售卖类电商，决定以智能硬件作为切入口，开始自己的众筹服务。京东众筹到目前位置，有两个非常成功的例子。

2014 年 9 月，"三个爸爸"智能空气净化器在京东众筹平台上发布，只用了半小时就筹集了 50 万元，两个小时筹集了 100 万元，这为京东众筹的推广与宣传打下了非常好的基础。

2014 年 12 月，大可乐 3 手机在京东众筹平台上线，筹集总金额超过 1 600 万元。大可乐手机的众筹项目最大的特色就是只需参与一次众筹，就可以终身免费更换最新的大可乐手机。

可以说，众筹平台依靠传统电商是国内发展是一大趋势，如今淘宝众筹等平台也陆续上线。这些传统的电商不但在众筹产品中有一定的优势，更加重要的是充分考虑到投资者最关心的质量问题，可以迅速让普通参与者接受，让众筹有更良性的发展。

（3）房产众筹开始创新突破

众筹不但在一些小型产品上发展，而且也在房地产行业有了一席之地。2014 年 6 月，团贷网推出了一款房地产众筹投资产品——房宝宝。但这并不是一个人购买一套房产，而是通过众筹的方式向投资者筹集资金，然后将资金用来买房，并承诺利用房产增值的收益让投资者获得利润。

房宝宝众筹项目上线后，第一期众筹目标为 1 491 万元，上线第二天即宣布完成。后来，该项目又推出了后续产品，累计众筹金额 9 231 万元，参与人数共 5 597 人次。

众筹和地产行业的合作虽然是众筹的创新，也是众筹突破产品局限的良性发展，但其本质仍是房地产营销的手段，甚至在承诺资金收益时，也没有明确的条款，容易带来资金风险。

众筹是一种全新的金融方式，它不是营销的概念，更不是拯救某一行业的灵丹妙药，只有不断的发展与创新，才能真正获得最终的成功。

（4）银行众筹

众筹的火热，让传统金融也参与其中。2014 年，银行开始涉及众筹领域，如浦发银行推出的娱乐众筹平台，建设银行的公益众筹等。

2014 年 12 月，浦发银行正式成立了"小浦娱乐"众筹平台，该平台如今已经在电影、演出等领域有了很好的成绩。

建设银行联合多家公益机构共同建立的积分捐助公益平台，使用建设银行龙卡信用卡就能够通过这一平台将积分直接转化为公益捐献资金。

银行开始自己的众筹项目，体现了众筹对传统金融行业的冲击，在市场非常混乱的时期，这既是创新发展，也是严峻的挑战。

普通支持者如何应对多样的众筹产品？

作为普通的众筹参与者，无法在大环境中决定众筹的变化，那么面临如此多的众筹方式，我们应该怎么办呢？

首先，要认清一个项目是否是真正的众筹，而不是被众筹包装出来的营销产品。

其次，还要看自己是否适合这样的产品，因为大多数创新众筹都是股权式众筹，会涉及亏本。

3.1.3 知识产权的问题

要了解众筹中知识产权存在的问题，就要先来了解什么是知识产权。

知识产权，是指权利人对其所创作的智力劳动成果所享有的专有权利，一般只在一定期限内有效。各种智力创造比如发明、文学和艺术作品，以及在商业中使用的标志、名称、图像以及外观设计，都可被认为是某一个人或组织所拥有的知识产权。

知识产权可分为两类，一是著作权，衍生出来包括版权、署名权、发行权、展览权、放映权等；二是工业产权包括商标权、专利保护、商号权等。

此外按照知识产权内容划分可分为人身权利和财产权利两类。知识产权具有如图 3-2 所示的特点。

专有性	即独占性或垄断性,除权利人同意或法律规定外,权利人以外的任何人不得享有或使用该项权利。这表明权利人独占或垄断的专有权利受法律严格保护,不受他人侵犯。
地域性	地域性是指只在所确认和保护的地域内有效,除签有国际公约或双边互惠协定外,经一国法律所保护的某项权利只在该国范围内发生法律效力,在一定条件下又具有国际性。

图 3-2 知识产权的特点

时间性　法律是对各项知识产权的保护，都规定有一定的有效期，各国法律对保护期限的长短可能一致，也可能不完全相同，只有参加国际协定或进行国际申请时，才对某项权利有统一的保护期限。

绝对权　知识产权在某些方面类似于物权中的所有权，是对客体直接支配的权利，可以使用、收益、处分以及其他种支配，具有排他性、移转性与继承性等。

法律限制　知识产权虽然是私权，但因人的智力成果具有高度的公共性，与社会文化和产业的发展有密切关系，不宜为任何人长期独占，所以法律对知识产权的所有权有很多限制。

图 3-2　知识产权的特点（续）

　　在认识了知识产权的基本概况之后，下面就来了解一下在众筹中知识产权方面存在的问题。鉴于国内知识产权保护现状，众筹平台无法保证创意不被他人剽窃，知识产权的权利人只能提高自我保护意识。在众筹平台上，需要展示创意的细节，这就容易被他人抄袭。

　　例如，在第一章中介绍的"原木生活'萌时尚'"众筹项目，在一个某众筹平台上搜索"原木"关键字就可以看到非常多的相关项目，如图 3-3 所示。

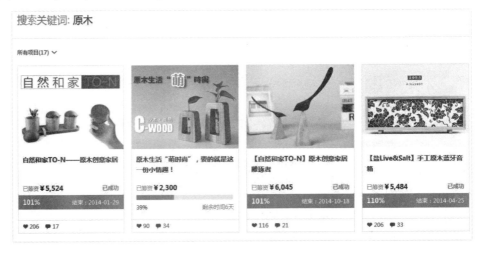

图 3-3　同样类型的项目

当然在实际的投资中，我们无法判断究竟这些项目是谁抄袭了谁，但作为项目的参与者，应该注意如图 3-4 所示的内容，来规避知识产权的问题。

如果一个项目所有人持有国家的专利产权，那么可以与众筹平台签订相关协议，保证不会出现相同或同类型的产品。

在进行项目包装的时候，要特别注意不要将关键的产品生产细节展示出来。同时如果有专利证书，可以用图片进行展示。

股权类众筹虽然是用股份作为回报，但涉及知识产权时一定要格外保护，否则很可能产生纠纷。

作为项目的支持者，在进行一些奖励式众筹的时候，可以通过搜索关键字的方式来挑选项目，通过查看项目生产细节、专利证书等来保证产品的品质。

图 3-4　注意众筹项目中的产权问题

3.1.4　国内的众筹认知问题

无论是筹资人还是投资人，如今都还没有看到众筹的巨大潜力，这让众筹在国内发展受挫，主要的原因有如下几点。

- 众筹平台还未普及，宣传的渠道也不多，许多人需要资金仍然通过贷款的方式，人们并不愿意接触新的金融方式。
- 各地之前出现的民间借贷引发的跑路现象和对一些集资诈骗案件的处罚，使社会普遍把众筹与非法集资联系起来，一听到众筹立刻联想起非法集资问题，从而远离众筹。
- 社会诚信体系尚未完全建立，信任感缺乏，这也阻碍了众筹的发展。
- 目前国内的众筹大多数是奖励式众筹与债权式的 P2P 投资，形式单一，让众筹的存在感非常低。

下面将从一个支持者的角度来看他对众筹的选择。

老王是一个退休在家的中年人，最近他打算去三亚旅行，为了追求性价比最好的旅行体验，他在传统的旅行社、火爆的团购网站以及众筹网之间进行了酒店的比较。

首先，老王对旅行社进行了查看，在三亚当地的旅行社网站看到普通的"三亚进出 5 天 4 晚豪华经典游"需要 1 300 元/人，如图 3-5 所示。

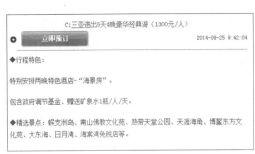

C:三亚进出5天4晚豪华经典游（1300元/人） ⊕ 立即预订　　　　2014-09-25 9:42:04 ◆行程特色： 特别安排两晚特色酒店-"海景房"。 包含政府调节基金，赠送矿泉水1瓶/人/天。 ◆精选景点：蜈支洲岛、南山佛教文化苑、热带天堂公园、天涯海角、博鳌东方文化苑、大东海、日月湾、海棠湾免税店等。	接待标准： 1、全程空调旅游车，提供导游全程讲解服务。 2、六正四早；（早餐五点一粥；正餐十菜一汤）。 3、全程安排指定酒店，赠三亚两晚海边特色度假酒店海景房。 4、赠送海南旅游期间旅行社责任险。 平时价格：1300元/人

图 3-5　旅行社项目

接着，老王在国内的一家团购网站上搜索了三亚的酒店，他以"性价比"的方式选择了性价比排名第一的酒店，有如图 3-6 所示的价格情况。

图 3-6　团购网项目

各平台的对比要点

在不同的平台对比不同的项目时，有如下的问题要注意。

第一，价格并不是一定准确的，如本例中的酒店的价格就会随着旅游季节的变化而出现变动。

第二，不同项目对比的渠道平台是不同的，本例是在传统网站、团购及众筹之间对比，而类似股权众筹，则是在 P2P 网站、各类理财产品之间进行对比。

最后，老王在众筹网站上搜索了三亚旅游的产品，有如下的一个名为"羊年薅羊毛——众筹去远方之'三亚'站"的项目。

在这个项目中，首先有如图 3-7 所示的图片包装。

图 3-7　众筹三亚旅游项目包装

从价格上来说，该项目有如下的支持等级。

此项目必须在 2015 年 2 月 7 日之前，达到 100 000 元的目标。

- **无私支持**：感谢您的无私奉献，您的这份捐赠将助我们的梦想飞得更高更远。

- **1 元**：抽取标间 1 晚（抽 5% 中奖，每个 ID 限中奖一次）；5 天 20 万元飞机意外保险一份；电子感谢信一封。

- **9.9 元**：标间 1 晚；5 天 20 万元飞机意外保险一份；电子感谢信一封。

- **99 元**：标间 1 晚；易到用车 120 元代金券 1 张；30 天 30 万元乘车意外保险一份；电子感谢信一封。

- **199 元**：标间 2 晚；易到用车 120 元代金券 1 张；价值 30 元乐蜂网礼品卡 1 张；180 天 100 万元飞机+10 万元轮船+10 万元乘车意外保险；电子感谢信一封。

- **699 元**：标间 7 晚；易到用车 120 元代金券 3 张；价值 100 元乐蜂网礼品卡 1 张；365 天的 200 万元飞机+100 万元轮船+50 万元乘车意外保险。

在对 3 种方式进行了比较之后，老王发现虽然众筹是最为便宜的，但他仍然因为不放心而拒绝了众筹，选择了团购的方式来预定旅游酒店。

以上的对比内容大多是针对奖励式类众筹，下面通过表 3-1 来看看回报式众筹与实物、网购等传统购物方式的不同。

表 3-1　众筹与传统购物的对比

对比项	回报式众筹	团购	传统方式
价格	价格较低	价格较低	价格较高

续表

对比项	回报式众筹	团购	传统方式
商品比较	同类商品一般不多，横向对比困难	同类商品多	同类商品多
时间性	有时间限制	有时间限制	没有时间限制
定价	有不同的支持等级划分	同一商品有不同的团购价格	以商品价值定价
是否有风险	项目筹资失败，退回资金	团购产品数量有限，可能无法购买	零风险
权益保障	众筹平台保障权益	团购网站保障权益	交易验货，保证商品质量
主要方向	高科技职能产品、艺术类产品服务	饮食娱乐消费等	所有的商品

除了有实物回报的奖励式众筹之外，在国内股权式、债权式的 P2P 众筹也比较火热，下面就来看一个简单的案例。

张先生是一名私营业主，最近他计划拿出 20 万元用于投资理财，同样，他在银行理财产品、股票和债权式众筹 P2P 之间进行了对比。

首先张先生选择了一款工商银行的银行理财产品，这款产品有如图 3-8 所示的投资情况。

产品名称	工商银行工银财富资产组合投资型人民币理财产品
产品类型	非保本浮动收益型理财产品
预期年化收益率	5.058%
起始日至终止日	2014 年 12 月 1 日～2014 年 12 月 3 日
托管费/手续费	托管费 0.05%（年）/手续费 0.4%（年）
投资起点金额	5 万元起购（1 万元的整数倍递增）
期限	132 天

图 3-8　工商银行某款银行理财产品

张先生还考虑过股票的投资，而对于张先生这类对证券投资没有任何经验的人来说，股票会有如下的弊端。

- **需要实时操盘**：参与股票交易，需要有足够的时间进行看盘、下单，比较费时费力。
- **管理制度**：股票有严格的证券管理制度，交易比较麻烦。
- **时间问题**：买卖都有时间的限制，资金的使用有所限制。

　　除此之外，股票投资还需要面临大幅度涨跌的情况，高收益与高风险并存，如图 3-9 所示的 2014 年某阶段某只股票走势 K 线图。

图 3-9　某股票走势图

　　此外，张先生还查看了某 P2P 产品的投资情况。

　　项目名称：投资创业。

　　项目发起人：深圳市中安信业创业投资有限公司是一家专门为个体工商户、小企业主和低收入家庭提供快速简便、无抵押无担保小额个人贷款服务的企业。

　　此外项目发起人有如图 3-10 所示的特点。

用户信息 ID: 1352143						
昵　称	316003...♂	公司行业	餐饮/旅馆业	收入范围	10000-20000元	
年　龄	35	公司规模	10-100人	房　产	□有 ☑无	
学　历	大专	岗位职位	经理	房　贷	□有 ☑无	
学　校	--	工作城市	河北省廊坊市	车　产	□有 ☑无	
婚　姻	已婚	工作时间	1-3年(含)	车　贷	□有 ☑无	

图 3-10　项目发起人介绍

该项目有如下的借款信息。

● **标的总额**：110 000 元。

● **年利率**：9.00%。

● **还款期限**：10 个月。

● **提前还款费率**：1.00%。

● **保障方式**：本金+利息。

● **还款方式**：按月还款/等额本息。

● **月还本息**：11 462.00 元。

在对上面的 3 种理财方式进行了对比之后，张先生最终选择了银行理财产品，首先他认为自己没有更多的时间去进行股票的操作，其次他对债权众筹 P2P 也不是很了解，这才做了最终的决定。

下面，将从表 3-2 来看这 3 类产品的纵向比较。

表 3-2　众筹和传统理财方式的对比

对比项	债权众筹	银行理财产品	股票
收益率	收益率普遍较高	收益率一般略高于银行存款利率	收益率普遍较高
期限	6 个月~3 年	30 天~1 年	可长可短
资金限制	项目结束之前无法提前赎回	一般无法提前赎回	卖出后第二日到账
投资平台	P2P 平台或众筹平台	银行柜台或者网上银行	证券公司
风险大小	违约风险较大	风险较小	市场风险大
管理	买入后不需要时刻关注	买入后不需要时刻关注	需要实时操盘
适合人群	适合接收新鲜事物，有一定风险承受能力的投资者	适合风险承受能力较小的投资者	适合可承受一定风险的投资者

3.2 众筹可能面临的法律风险

除了以上的一些问题之外，如果众筹不能够规范运作，就有可能触犯法律，引发巨大的风险以及相关法律责任。那么在当前的法律政策环境下，众筹究竟面临哪些法律风险呢？

3.2.1 　非法吸收公众存款罪

在众筹中，项目发起人是在吸收投资者的资金，也就是吸收大众的资金，因此首先要防止的就是非法吸收公众存款罪。

所谓非法吸收公众存款罪，是指违反国家金融管理法规，非法吸收公众存款或变相吸收公众存款，扰乱金融秩序的行为，主要有如下 4 点内容。

- 非法吸收公众存款或者变相吸收公众存款。
- 未经依法批准，以任何名义向社会不特定对象进行的非法集资。
- 非法发放贷款、票据贴现、资金拆借、信托投资、金融租赁、融资担保、外汇买卖。
- 中国人民银行认定的其他非法金融业务活动。

一般来说，非法吸收公众存款的行为有两种，一种是没有吸收公众存款资质的个人或法人吸收公众存款。

而另一种是具有吸收公众存款资质的法人采用违法的方法吸收存款，具体有如图 3-11 所示的几点行为。

> 将存款用于账外经营活动。

> 擅自提高利率或者变相提高利率，吸收存款。

> 明知或者应知是单位资金，而允许以个人名义开立账户存储。

> 擅自开办新的存款业务种类。

> 违反规定为客户多头开立账户。

图 3-11　以违法的方法吸收存款

吸收存款不符合中国人民银行规定的客户范围、期限和最低限额。

违反中国人民银行规定的其他存款行为。

图 3-11 以违法的方法吸收存款（续）

下面将通过一个案例来了解非法吸收公众存款罪的形式。

2010 年 8 月~2011 年 6 月，李某、吴某、凌某、张某、张某、薛某一群人，未经有关部门批准，以沈阳某房地产开发有限公司及沈阳某投资担保有限公司为担保方，并以开发沈阳某地住宅楼、老年生态城等项目为理由，向社会公众公开宣传进行筹资。

他们承诺以月利率 6%，按月为还款周期，并提前扣除三个月 18%的利息收取本金。

在这样的情况下，他们先后在某地区与 796 名投资人签订了 1 618 份合同，非法吸收公众存款合计人民币 11 565 万余元。其中李某、吴某共同吸收 9 035 万余元，凌某吸收 1 966 万余元，被告人某吸收 1 124 万余元，被告人某、薛某共同吸收 1 224 万余元。

这样的形式明显符合非法吸收公众存款罪的构成要件，2011 年 8 月 26 日，被告人李某到公安机关投案自首，而其余被告人均被公安机关抓获，如实供述了自己的主要犯罪事实，并且悉数退还了大部分的非法集资资金。

人民法院依非法吸收公众存款罪之规定，于 2012 年 9 月依法判处李某有期徒刑七年，并处罚金人民币三十万元；判处吴某有期徒刑四年，并处罚金人民币二十万元；判处凌某有期徒刑四年，并处罚金人民币二十万元；判处张某有期徒刑三年六个月，并处罚金人民币二十万元；判处张某有期徒刑四年，并处罚金人民币二十万元；判处薛某有期徒刑二年，并处罚金二十万元。

非法吸收公众存款罪规定了集资的人数与金额，一些人认为只要不公开，对象不超过 200 人就不算非法集资，其实，这是一种错误的认识。具体的数额规定如下所示。

● 个人非法吸收或者变相吸收公众存款，数额在二十万元以上的，单位非法吸收或者变相吸收公众存款，数额在一百万元以上。

● 个人非法吸收或者变相吸收公众存款三十户以上的，单位非法吸收或者变相吸收公众存款一百五十户以上。

● 个人非法吸收或者变相吸收公众存款给存款人造成直接经济损失数额在十万元以上的，单位非法吸收或者变相吸收公众存款给存款人造成直接经济损失数额五十万元以上。

3.2.2　集资诈骗罪

除了非法吸收公众存款罪之外，在众筹运作过程中还可能面临集资诈骗罪，需要项目发起者格外注意。

集资诈骗罪是指以非法占有为目的，违反有关金融法律、法规的规定，使用诈骗方法进行非法集资，扰乱国家正常金融秩序，侵犯公私财产所有权，且数额较大的行为。

集资诈骗罪和非法吸收公众存款罪有如图 3-12 所示的区别。

图 3-12　集资诈骗罪和非法吸收公众存款罪的区别

在国家法律规定中，集资诈骗是以非法占有为目的，使用诈骗方法非法集资，如有如图 3-13 所示的行为，就会被判定为集资诈骗。

在客观方面表现的行为是使用诈骗方法非法集资，且数额较大。

图 3-13　集资诈骗罪的特点

集资诈骗罪侵害的客体一定是国家的金融管理制度和公私财产所有权。

集资诈骗罪的主体是一般主体，自然人和单位均可以构成本罪的主体。

主观方面由故意构成，并且行为人必须是以非法占有为目的。

图 3-13   集资诈骗罪的特点（续）

此外，判定是否为集资诈骗，有如下的判断标准。

● 集资后携带集资款潜逃。

● 未将集资款按约定用途使用，而是擅自挥霍、滥用，致使集资款无法返还。

● 使用集资款进行违法犯罪活动，致使集资款无法返还。

● 筹资人向集资者允诺到期支付超过银行同期最高浮动利率 50%以上的高回报率。

下面就来看一个典型的集资诈骗罪的案例。

2012 年，李某、傅某与某煤矿公司法定代表人汪某合伙，从事煤炭开发生意。2013 年 5 月，李某在本市成立该煤矿公司上海分公司，李某担任该分公司的业务经理，傅某负责某煤矿公司与上海分公司的联络工作并掌管煤矿公司的公章。他们以在陕西开矿需要资金名义向公众集资，并约定当天筹集的款项按照李某提成 46%，汪某提成 54%的比例当天分配完毕。

他们以借款的方式向投资人吸收资金，并约定协议到期后，煤矿公司除支付全部本金外，还支付半年 10%的利息。

2012 年 5 月至案发，他们采用上述方法先后收取近 10 人本金共计人民币 32 万元，其中，李某分得集资款 22.6 万余元。

2013 年 5 月，李某、傅某被公安人员抓获。为此，检察院向法院提起公诉，指控李某、傅某犯集资诈骗罪。

法院经审理，被告人李某犯集资诈骗罪，判处有期徒刑三年，缓刑三年，并处罚金两万元。被告人傅某犯集资诈骗罪，判处有期徒刑二年零六个月，缓刑二年零六个月，并处罚金两万元。退赔及追缴的赃款返还被害人。

在法律规定中，犯非法集资罪有如下的量刑标准。

● 数额较大的，处五年以下有期徒刑或者拘役，并处二万元以上二十万元以下罚金。

● 数额巨大或者有其他严重情节的，处五年以上十年以下有期徒刑，并处五万元以上五十万元以下罚金；

● 数额特别巨大或者有其他特别严重情节的，处十年以上有期徒刑或者无期徒刑，并处五万元以上五十万元以下罚金或者没收财产。

● 数额特别巨大并且给国家和人民利益造成重大损失的，处无期徒刑或者死刑，并处没收财产。

3.2.3　欺诈发行股票、债券罪

除了与集资有关的罪责之外，进行众筹还有可能遇到证券类的法律风险。如在股权众筹中就可能触犯欺诈发行股票、债券罪。

欺诈发行股票、债券罪，是指在招股说明书、认股书、公司、企业债券募集办法中隐瞒重要事实或者编造重大虚假内容,发行股票或者公司、企业债券，数额巨大、后果严重或者有其他严重情节的行为。

欺诈发行股票、债券罪有如图 3-14 所示的表现。

> 行为人必须实施在招股说明书、认股书、公司、企业债券募集办法中隐瞒重要事实或者编造重大虚假内容的行为。

> 行为人必须实施了发行股票或债券的行为。如果行为人仅是制作了虚假的招股说明书、认股书、公司、企业债券募集办法，不构成本罪。

> 行为人制作虚假的招股说明书、认股书、公司债券募集办法发行股票或者公司、企业债券的行为，必须达到一定的严重程度。

图 3-14　欺诈发行股票、债券罪的特点

在实际的司法实践中,具有下列情形之一的,应当追诉欺诈发行股票、债券罪。

● 发行数额在 500 万元以上。

- 伪造、变造国家公文、有效证明文件或相关凭证、单据。

- 利用募集的资金进行违法活动。

- 转移或者隐瞒所募集资金。

- 其他后果严重或有其他严重情节的情形。

下面来看一个欺诈发行股票、债券罪的案例。

某年，四川某公司法定代表人的陈某为使公司顺利改制为股份公司，募集更多资金，指使员工虚拟 211 名自然人出资 1 828 万元为发起人，与其他 5 家企业法人共同发起成立四川××股份有限公司，并伪造了发起人协议书、发起人认购股份表以及 211 名自然人股东的签名等。

经四川省体改委批复同意该股份公司成立，批复文件同时明确规定，自公司成立之日起 3 年内，所有股份不得转让。

公司成立后，陈某即向集资户进行债转股与现金购买股票的宣传，吸引了大量集资户和社会公众来办理业务。通过一系列宣传、发售活动，公司迅速将所谓的自然人股东持有的 1 828 万股股票全部发售完毕。

后来，该公司正式更名为××集团，其股票须计零后变更名称重新托管。陈某利用一份虚构的体改委文件分两次在托管中心将 2 000 万股法人持有股量化到若干个人名下。

在此期间，发现其以××公司名义发行股票共计 2 200 多万股，获取现金 2 200 多万元。法院经审理认为，被告单位××集团股份有限公司在股票发行的过程中，隐瞒重要事实，编造重大虚假内容，发行股票数额巨大，且不能及时清退，后果严重，社会影响恶劣，其行为已构成欺诈发行股票罪。

该集团股份有限公司被判处罚金二十四万元，陈某因欺诈发行股票罪被判处有期徒刑十九年。

3.2.4 擅自发行股票、公司、企业债券罪

擅自发行股票、公司、企业债券罪，是指未经国家有关主管部门批准，擅自发行股票或者公司、企业债券，数额巨大、后果严重或者有其他严重情节的行为。

这条罪责一般有如图 3-15 所示的要点。

> 行为人须有发行股票、公司、企业债券的行为。如果尚未发行或正在准备发行的，不构成本罪。

> 行为人发行股票、公司、企业债券的行为是擅自进行，未经国家有关部门批准。

> 擅自发行的股票、公司、企业债券的行为必须达到情节严重的程度，才能构成犯罪。

图 3-15　擅自发行股票、公司、企业债券罪的要点

同时，在实际操作中有如下的行为就会被追究刑事责任。

● 发行数额在五十万元以上的。

● 不能及时清偿或者清退的。

● 造成恶劣影响的。

下面来看一个擅自发行股票、公司、企业债券罪的案例。

郑某担任公司的董事长、法定代表人。该公司经工商管理部门核准的经营范围为生物制品加工，化工原料、建筑材料、金属材料销售，本企业自产生物制品和技术出口，本企业进料加工及三来一补业务。

某年，单位为筹集研发资金，由郑某提议经股东会集体同意后，委托中介公司及个人向社会不特定公众转让自然人股东的股权。

此后几年间，由郑某负责联系并先后委托两家投资公司及其他个人，以随机拨打电话的方式，对外谎称该公司的股票短期内将在美国纳斯达克交易所上市并能获取高额回报，向不特定社会公众推销郑某及其他自然人股东的股权。

在此期间，该单位向社会公众 260 余人发行股票计 322 万股，筹集人民币 1 109 万余元，其中有 157 人在股权托管中心托管，被列入公司股东名册，并在工商行政管理部门备案。

法院经审理认为，被告单位违反国家政策及相关法律规定，未经证券监管部门的批准，委托他人以公开方式向不特定社会公众发行股票，情节严重，被告人郑某及直接负责的主管人员，其行为已构成擅自发行股票罪，依法判处被

告单位犯擅自发行股票罪，判处罚金人民币三十万元；被告人郑某犯擅自发行股票罪，判处有期徒刑两年。

3.2.5 众筹与非法集资的区别

前面所讲的 4 种刑事责任就是众筹在运作过程中需要特别注意的，然而如今的众筹并不能认定为非法集资的性质，主要是原因如下。

(1) 时代背景和操作理念不同

从时代背景和操作理念来说，有如图 3-16 所示的不同点。

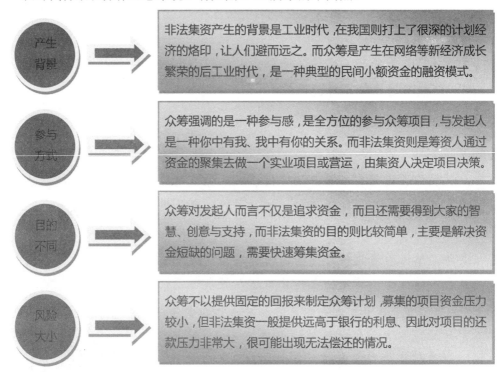

图 3-16　众筹和非法集资的基本差别

(2) 运作方式的不同

首先从信息公开的程度来说，众筹是一种经济新的运作形态，从项目的启动、市场定位、计划的发布、产品包装及回报等各环节都有全方位的公布信息。

而非法集资项目的发起方公开的信息是非常有限的，参与的投资人在参与项目前一般需要签订保密协议，甚至签订虚假合约。

从法律上来说，非法集资是指非法吸收公众存款或者变相吸收公众存款，这是违反金融管理法律规定的，会对社会造成严重的影响。

而众筹则是以一种理性的市场优惠的方式回报，不是为了资本的运营而筹集资金。另外，众筹项目是限定了募集资金的上限和人数上限的，而且规定了募集的期限，单笔募集的资金数额也是比较小的，即使项目失败也会向公众退还资金，不会造成恶劣的影响。

防止众筹成为非法集资

在目前的大背景下，众筹并没有因为非法集资行为的存在而被取缔，但因为法律法规对众筹的监管还不健全，因此很容易让一些不法分子利用众筹来进行非法集资，投资者一定要注意其陷阱。

3.3 众筹中应该注意的行政法规

除了以上的一些问题之外，如果众筹不能够规范运作，就有可能违反行政法规，引发巨大的风险以及相关法律责任。那么在当前的政策环境下，众筹究竟面临哪些行政法规风险呢？

3.3.1　非法集资类行政违法行为

如果项目发起者有非法集资的行为，但可能因为筹集额度不够，在未达到刑事立案标准的情况下，则构成行政违法行为，依法承担行政违法责任，由人民银行或相关金融管理机构给予行政处罚。

和非法集资有关的法律条款，需要众筹参与者注意如下的内容。

《非法金融机构和非法金融业务活动取缔办法》（国务院令）。

第三条，本办法所称非法金融机构，是指未经中国人民银行批准，擅自设立从事或者主要从事吸收存款、发放贷款、办理结算、票据贴现、资金拆借、信托投资、金融租赁、融资担保、外汇买卖等金融业务活动的机构。非法金融机构的筹备组织，视为非法金融机构。

第四条，本办法所称非法金融业务活动，是指未经中国人民银行批准，擅自从事的下列活动。

● 非法吸收公众存款或者变相吸收公众存款。

● 未经依法批准，以任何名义向社会不特定对象进行的非法集资。

- 非法发放贷款、办理结算、票据贴现、资金拆借、信托投资、金融租赁、融资担保、外汇买卖。

- 中国人民银行认定的其他非法金融业务活动。

前款所称非法吸收公众存款，是指未经中国人民银行批准，向社会不特定对象吸收资金，出具凭证，承诺在一定期限内还本付息的活动；所称变相吸收公众存款，是指未经中国人民银行批准，不以吸收公众存款的名义，向社会不特定对象吸收资金，但承诺履行的义务与吸收公众存款性质相同的活动。

第十二条，对非法金融机构和非法金融业务活动，经中国人民银行调查认定后，作出取缔决定，宣布该金融机构和金融业务活动为非法，责令停止一切业务活动，并予公告。

第二十二条，设立非法金融机构或者从事非法金融业务活动，构成犯罪的，依法追究刑事责任，尚不构成犯罪的，由中国人民银行没收非法所得，并处非法所得 1 倍以上 5 倍以下的罚款；没有非法所得的，处 10 万元以上 50 万元以下的罚款。

3.3.2 证券类行政违法行为

和非法集资一样，如果项目发起人擅自发行了股票，却没有达到追诉条件，也没有造成恶劣影响，就会受到证券类行政法规的处罚，具体有如下的规定。

《中华人民共和国证券法》。

第十条，公开发行证券，必须符合法律、行政法规规定的条件，并依法报经国务院证券监督管理机构或者国务院授权的部门核准；未经依法核准，任何单位和个人不得公开发行证券。

有下列情形之一的，为公开发行：

（一）向不特定对象发行证券；

（二）向累计超过二百人的特定对象发行证券；

（三）法律、行政法规规定的其他发行行为。

非公开发行证券，不得采用广告、公开劝诱和变相公开方式。

第三十九条，依法公开发行的股票、公司债券及其他证券，应当在依法设立的证券交易所上市交易或者在国务院批准的其他证券交易场所转让。

第一百八十八条，未经法定机关核准，擅自公开或者变相公开发行证券的，责令停止发行，退还所募资金并加算银行同期存款利息，处以非法所募资金金额百分之一以上百分之五以下的罚款；对擅自公开或者变相公开发行证券设立的公司，由依法履行监督管理职责的机构或者部门会同县级以上地方人民政府予以取缔。对直接负责的主管人员和其他直接责任人员给予警告，并处以三万元以上三十万元以下的罚款。

3.3.3　股权众筹管理办法

随着众筹在我国的兴起，相关机构对其管理也越来越完善，中国证券业协会网站公布了《私募股权众筹融资管理办法（试行）（征求意见稿）》。该征求意见稿就股权众筹监管的一系列问题进行了初步的界定，包括股权众筹非公开发行的性质、股权众筹平台的定位、投资者的界定和保护、融资者的义务等。如果要进行股权众筹，一定要了解该《办法》。

下面就来了解一下其中一些需要格外注意的条款。首先作为筹资者，应当为中小微企业或其发起人，履行下列职责。

● 向股权众筹平台提供真实、准确和完整的用户信息。

● 保证融资项目真实、合法。

● 发布真实、准确的融资信息。

● 按约定向投资者如实报告影响或可能影响投资者权益的重大信息。

● 证券业协会规定和融资协议约定的其他职责。

其次，项目发起人不得有如下的一些行为。

● 欺诈发行。

● 向投资者承诺投资本金不受损失或者承诺最低收益。

● 同一时间通过两个或两个以上的股权众筹平台就同一融资项目进行融资，在股权众筹平台以外的公开场所发布融资信息。

● 法律法规和证券业协会规定禁止的其他行为。

3.3.4 代持股风险

在实际的众筹操作中，股权式、债权式众筹实际就是将股份转让给他人，这在一定程度上会涉及代持股。

所谓代持股，实际上是一种股权委托的形式，是股东委托其他人代为持有股份的行为。代持股一般有如下 4 种形式。

- 由职工持股或工会持股。

- 自然人"代位持股"，即少数股东通过所谓的"显名股东"与"隐名股东"签署"委托投资协议"，确立代持股关系。

- "壳公司"持股，即由自然人股东先成立若干公司，再由这些公司对实际运营公司投资，自然人股东间接持股。

- 由信托机构代位持股。

在众筹中，代持股是由一个实名股东分别与几个乃至几十个隐名的众筹股东签订代持股协议，代表众筹股东持有众筹公司股份。

最高人民法院颁布的《公司法》的司法解释已经认可了委托持股的合法性。在这种模式下，众筹股东并不亲自持有股份，而是由某一个实名股东持有，并且在工商登记里只体现出该实名股东的身份。

在众筹模式下，代持股可能会有如图 3-17 所示的风险。

股东身份

众筹股东的名字（众筹参与者）不会在工商登记里体现出来，只会显示实名股东的名字。尽管法律认可委托持股的合法性，但是还需要证明众筹股东有委托过实名股东，众筹股东和实名股东之间是内部约定，因此很容易造成纠纷。

无法行权

在很多众筹项目中，众筹股东虽然是公司股东，但几乎很难行使公司股东的权利，更不太能亲自参加股东会。但在实际操作中，众多的小额投资者是很难参与公司决策的，一般众筹参与者只享有知情权。

无法决定分红

参与众筹会涉及股东的分红，可是《公司法》中并未规定公司有税后可分配利润就必须分红，因此如果法律没有规定分红，那么众筹股东便无法得到分红，因此需要在众筹条款中约定强制分红条款，每年必须在指定的日期向众筹股东分配。

图 3-17 众筹的代持股风险

随意入股

有一些股权众筹，发起人与众筹股东是亲朋好友关系，操作起来会非常不规范。比如项目并没有经过众筹平台审核，而是将资金直接打到了发起人个人的银行账号中。这种随意的支持方式让整个流程得不到安全保障，可能会出现损失。

风险投资

风险投资项目一般具有高风险、高潜在收益的特点，风险投资人会投资大量的项目而只需要少部分获利即可。但是众筹不等于风险投资，如果把支持人看作风险投资者，那么项目的双方都不可能有最好的众筹体验。

图 3-17　众筹的代持股风险（续）

3.3.5　不同的众筹如何遵守法律法规

前面介绍了很多众筹中可能会存在一些法律问题。但在实际的操作中，只要我们遵守法律，就能够顺利地参与众筹。本章的最后一节，我们就来看看不同的众筹方式应该注意哪些法律法规。

（1）奖励式众筹的法律红线

有回报的奖励式众筹是面临法律风险最小的众筹模式，但如果运作不规范，也可能受到相关的法律处罚，具体有如下的 4 条注意事项。

● 审查项目发布人、产品或创意的成熟度，避免虚假信息。

● 严格监管募集资金，保证相关回报的履行。

● 众筹平台最好不要为项目发起人提供担保。

● 保证回报产品的合法与品质。

（2）捐赠式众筹的法律红线

捐赠式众筹因为涉及无回报的原因，因此需要面对的法律风险会比较大，主要是在对资金的审核上，有如下两条注意事项。

● 严格审查项目发布人资格、信息和公益项目的情况。

● 对募集资金严格监管，保证公益类项目专款专用。

（3）债权式众筹的法律红线

债权式的众筹从表面看就是集资，因此它是最容易遭遇非法集资等法律风险，一般，债权式众筹不能触及如下 3 条法律红线，是可以避开非法集资类的刑事犯罪或行政违法风险的。

- P2P 平台将借款需求设计成相关理财产品进行出售，使投资人的资金进入平台中间账户，造成资金滞留。
- 为不合格借款人导致的非法集资风险，甚至发布虚假借款标。
- P2P 平台发布虚假借款标进行资金诈骗。

（4）股权式众筹的法律红线

股权式众筹不能触及的法律红线则比较多，具体如下。

- 不向非特定对象发行股份。
- 发行对象的数量不能超过 200 人。
- 不得采用广告及劝导的方式发行股份。
- 对筹资方身份及项目的真实性严格履行核查义务，不得承诺收益率。
- 对投资方资格进行审核，并告知其风险。

让平台审核

　　作为项目的发起者，我们首先要保证自己发布的项目合法合规，同时也不要因为众筹可能会涉及法律问题而畏惧，因为在平台审核项目时，违法的项目是无法通过的。

Part 04

了解国内不同的众筹平台

参与众筹投资，最重要的就是众筹平台，项目发起者需要通过
众筹平台展示项目，投资者需要通过众筹平台进行支持。在国
内，有不少较为成熟的众筹平台，本章简单认识几个不同的平
台及其特色。

◇ 不同的综合众筹平台
◇ 股权、债权式众筹平台
◇ 垂直众筹平台

4.1 不同的综合众筹平台

众筹的综合平台，是指一些大型且专业的众筹平台，在上面可以完成不同种类的众筹投资，也有项目指导、项目审核、账户管理等一系列的服务。下面就来认识几个这样的平台。

4.1.1 众筹网

在本书第一章中，我们简单认识了众筹平台，知道它是连接项目发起人与支持者的中介机构，它既是众筹平台的搭建者，又是项目发起人的审核方、监督者和辅导者，同时还是出资人的利益维护者。

众筹网是目前国内最具影响力的众筹平台，它为众筹项目发起者提供筹资、投资、孵化、运营一站式综合众筹服务。自 2013 年 2 月成立以来，已经有众筹网、众筹制造、开放平台、众筹国际、金融众筹和股权众筹六大板块。

进入众筹网首页，选择"浏览项目"选项，即可看到相关不同的众筹项目了，具体如图 4-1 所示。

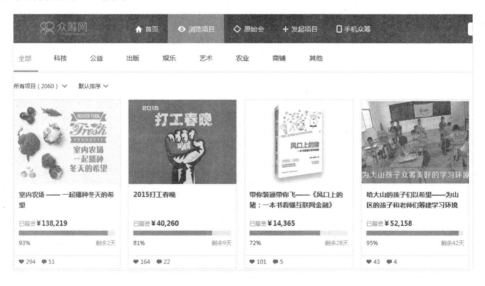

图 4-1 众筹网丰富的众筹项目

在"浏览项目"页面显示的众筹项目，一般由项目名称、已筹集金额、筹资进度以及一张项目图片组成。要详细查看该项目有哪些细节，可单击该项目名称的超链接，即可进入详细的项目页面，如图 4-2 所示。

进入详细的项目后，一般在项目页面左侧显示项目名称及项目包装，在页面右侧显示筹资计划与支持等级，如图4-2所示。

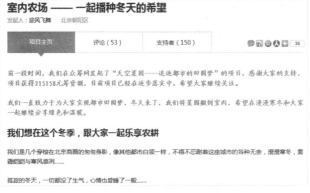

图 4-2　众筹项目页面

　　以上就是众筹网平台基础的项目页面，而要详细了解众筹平台，则需要亲自参与一个项目，我们会在后面的内容中将会详细介绍。下面就来了解一下众筹网的一些细节内容，可以帮助我们顺利地完成众筹投资，具体如图4-3所示。

众筹网的用户

年满 18 周岁，拥有银行账户，并且是众筹网的注册用户，已经仔细阅读、同意并无条件接受众筹网的《服务条款》所涉全部内容的用户才可以参与众筹网的投资。

众筹网项目类别

从垂直的角度来看，众筹网目前支持科技、公益、出版、娱乐、艺术、农业等多个行业的众筹项目。

同类发布

在其他同类网站上正在进行的项目不得在众筹网上同时发起，也不允许在众筹网上发布两个相同的项目。

实物回报

项目内容及回报均不得涉及现金、利润分红等内容，必须是实物回报。

审核时间

众筹项目的发布必须经过众筹平台的审核，时间一般为 1～3 个工作日。

图 4-3　众筹网众筹细节

结款限制

一个众筹项目成功后，众筹网为发起人结款 70%，确认全部支持者收到回报后结款 30%。

项目撤销

在项目上线后，发起人不可以撤销项目。

项目内容合法性

在项目发起、审核及筹资过程中，众筹网会时刻监管项目，有任何违法违规现象，就会立刻被通知下线。

图 4-3　众筹网众筹细节（续）

什么情况下项目会被终止

如果有如下的行为，众筹网就会被终止项目。

1．项目违反国家法律法规或众筹网的平台使用规则。

2．发起人不同意接受众筹网相关协议约定，并停止使用众筹网针对项目发起人提供的服务。

3．不符合本协议约定的项目发起人应具备的资格。

4.1.2　淘宝众筹

在上一章中已经介绍过传统的电商品牌已进入了众筹领域，淘宝众筹就是一个典型由传统电商平台发起的综合众筹平台，进入淘宝众筹首页（http://hi.taobao.com/），会看到如图 4-4 所示的页面。

图 4-4　淘宝众筹首页

在淘宝众筹平台首页，可直接选择不同的垂直类型进行筛选，显示的项目由项目名称、已筹集金额、筹资进度、支持人数及项目图片组成。

单击进入淘宝众筹的一个项目，与众筹网不同，淘宝网的项目保障更加丰富，主要以图片展示为主，如图4-5所示。

图4-5　淘宝众筹项目展示

同时在淘宝众筹平台上，筹资目标、支持等级与回报也有明确的展示，如图4-6所示。

图4-6　项目筹资目标与支持等级

不同的平台有不同的参与细节，下面就来了解一下在淘宝众筹平台上参与众筹有哪些需要注意的事项，具体如图4-7所示。

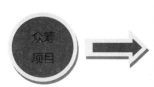

图4-7　淘宝众筹的参与细节

只要是合法公民都可以发起众筹项目，但发起人应完成淘宝账号注册，并通过支付宝实名认证和淘宝开店认证。根据申请发起的项目类型不同，发起人应当需要具备的其他资格要求。

与其他众筹平台不同，目前淘宝众筹是一个完全开放、免费的众筹平台，淘宝网不向项目发起人或支持者收取任何手续费或利润分成等费用。

在淘宝众筹上，可以发布其他平台上发布过的项目，同时可以发布相同的项目。但是建议同时发起多个项目时，主题、利益点要做明显区别。

淘宝众筹的资金结算标准也不同，项目筹资成功后，发起者拿到筹款金额的1%～50%作为项目启动资金，支持者收到回报确认收货后，发起者将收到剩余资金。

淘宝众筹有相关的众筹协议，平台有权根据需要不时修改本协议或各类规则、操作流程，如有任何变更，淘宝众筹将在网站上以公示形式进行通知，且无须征得发起者的事先同意。

图 4-7　淘宝众筹的参与细节（续）

淘宝众筹帮助教程

在淘宝众筹平台上，有非常丰富的帮助教程，如项目包装辅助、无偏视频编辑、微博、微信推广、特色市场分类、淘星愿等功能，可以帮助我们顺利完成众筹，并让更多的人看到发起的项目。

4.1.3　京东众筹

除了淘宝众筹之外，国内另外一个比较大的电商网站——京东，也有自己的众筹平台，如上一章所介绍，京东众筹与一些大型的法人众筹发起者展开合作，在回报产品质量上有着比较大的优势。

进入京东众筹网站首页（http://z.jd.com），实际上是进入了"京东金融"旗下的一个板块，有如图4-8所示的页面。

图 4-8　京东众筹首页

　　京东众筹作为一个综合众筹平台，目前并没有太多的项目，但凭借京东网强大的电子产品背景，其众筹平台在智能硬件等项目上有着比较大的优势。

　　京东众筹有如图4-9所示的参与细节。

京东众筹的项目

京东众筹主要的项目是产品众筹，特别在高科技产品的预售项目上有着较大的优势，同时公益众筹也是京东众筹的一大特色。

综合服务

京东平台有着强大的资源整合能力与产品工业能力，不仅保证了众筹回报的质量，更从售后、法律、创意上全方位支持众筹发展。

众筹费用

与淘宝众筹一样，京东众筹目前不收取任何服务费用，甚至可以通过京东的优惠活动获得更加经济的垂直众筹体验。

参与资格

要进行京东众筹，需要注册京东账户，同时绑定银行账户，同时资金的筹集会有严格的第三方监管。

图 4-9　京东众筹的投资细节

4.2 股权、债权式众筹平台

前面介绍的都是奖励式的实物众筹平台，这些平台是不允许出现与股权类似的现金回报的，要进行股权、债权众筹，还需要到专业的平台进行，下面简单来认识一些平台。

4.2.1 人人投平台

人人投平台是一家以实体项目为主的股权众筹服务平台，它为创业者提供线上、线下项目路演，寻找融资相关服务；为投资者筛选项目、提供项目运作等相关服务，充分实现资本的合理流动和资源的优化配置。

人人投股权众筹有如图 4-10 所示的优势。

> **专项投资**：专注实体店面项目，已有成功的经营理念与经验。

> **聚集资金**：为项目方更快、更好地开更多的分店。

> **线上交易**：为投资者搭建项目交流平台，实现投资方项目的洽谈与交易。

> **安全融资**：项目方与投资者在融资成功后，人人投收取一定比例费用。

> **借力聚势**：会聚各界大众投资人，凝聚投资人的力量，助力项目发展。

> **灵活投资**：投资金额 2%~100%，根据投资人意愿自由投资。

图 4-10　人人投股权众筹的特点

与其他众筹平台不同的是，人人投平台有一个项目预热的过程。为了保证投资人（项目支持者）的利益，人人投平台会对项目进行真实性的调查及审核，同时对项目进行融资前包装，包括视频、图片、文案等。

然后通过预热状态，让项目发起者与投资人双方见面，正式在线融资，进而阶段性地完成融资，在这个过程中人人投平台项目专员会全程跟踪服务。

进入人人投众筹平台首页（http://www.renrentou.com），首先会看到如图 4-11 所示的页面。

图 4-11 人人投首页

进入一个项目，首先会看到如下的基础筹资页面，如图 4-12 所示。

图 4-12 人人投项目

人人投平台主要是实体店投资，因为比实物众筹面临的风险更大，因此除了基础的众筹项目之外，还有如图 4-13 所示的项目评论、相关执照审核等。

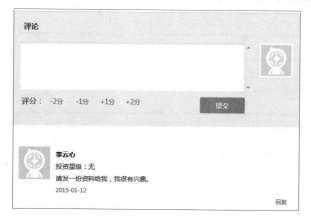

图 4-13 人人投项目特殊项目包装

在了解了人人投平台的基础页面之后，下面就来了解一下它是如何运作的，具体分为项目发起与支持。

(1) 融资前准备

在人人投平台融资之前，需要经历如图 4-14 所示的步骤。

图 4-14　人人投融资前的准备工作

哪些项目会被人人投拒绝？

在人人投平台，如下的股权众筹会被拒绝：项目方不能认真对待本次融资；项目方无法付出精力经营管理项目；项目方无责任心，融资后无法对投资人负责；项目涉及国家法律明确规定禁止的服务或产品；项目方有过违法记录或出现过重大违法违纪事件的；项目方有长期债务。

当项目在人人投线上融资过程中，人人投根据项目预热期间投资人对项目的关注度来衡量项目完善程度，一般会有如图 4-15 所示的流程。

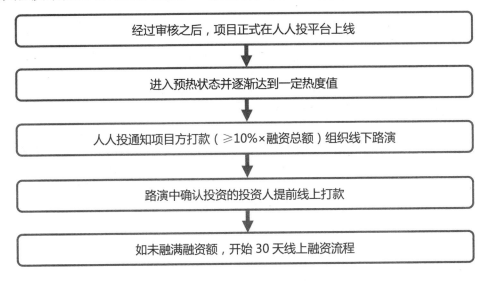

图 4-15　人人投融资过程的流程

(2) 线上投资与线下开店

作为投资者，在人人投平台参与股权众筹主要有线上支持与线下开店两个关键的步骤。首先，投资有如图 4-16 所示的流程。

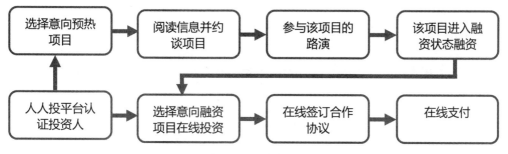

图 4-16　线上投资流程

融资后，融资方和投资人一起成立有限合伙企业来管理融资后将要开设的新店铺。由项目方充当该合伙企业的普通合伙人，其他投资人为有限合伙人。同时项目方独立负责新开店铺的经营管理，流程如图 4-17 所示。

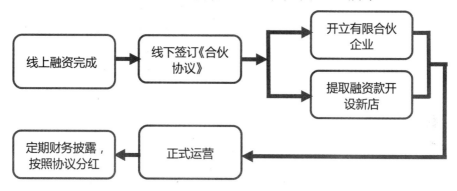

图 4-17　线下运营

4.2.2　原始会及其他股权众筹平台

原始会是网信金融旗下的股权众筹平台，也就是依托于众筹网的股权众筹平台。

原始会平台致力于为投资人和创业者提供一站式投融资综合解决方案，帮助创业者迅速融到资金，帮助投资人发现优质项目。参与者可以发布项目，并通过这个平台面向投资人融资，让投资人一起来众投。

同时，原始会平台还提供资源对接、宣传报道、可视化估值、财务预测、融资辅导等优质的增值服务，切实为股权众筹服务。

进入原始会平台首页（http://www.yuanshihui.com），首先会看到如图 4-18 所示的页面，整体显示比其他众筹平台更加简单，除了基础信息之外，项目所属地及垂直种类是一大特色。

图 4-18　原始会平台首页

实名认证投资者

要在原始会平台上查看项目或参与股权众筹发起支持，需要注册相关账户。同时需要注意的是，普通注册账户并不能直接参与投资，需要进行账户实名认证。

　　如今国内的股权众筹平台有很多，并且每个平台都有其优势与特点。下面通过表 4-1 来简单了解一下。

表 4-1　股权众筹平台

名称	LOGO	主要优势与特点
大家投	大家投 首家股权众筹平台	大家投是以融资项目为主体的直接投资网络平台，是中国首个"众筹模式"天使投资与创业项目私募股权投融资对接平台。它首创了初期企业股权投融资业务模式，单次跟投额度可以最低到项目融资额度的 2.5%；天使投资行业对一个项目的领投加跟投机制
大伙投	大伙投 dahuotou.cn	大伙投是一家创新形式的股权众筹平台，首创物权背书、复合回报的投资方式，对投资者来说，"事前"以物权为背书，"事中"享有优先经营权和复合回报，"事后"的收益更稳定，投资风险更小、更安全；对发起者来说可以获得更多的关注度
云筹	YunChou云筹 .com	云筹集股权众筹、创业孵化、投后管理为一体，立志打造一个"帮创业者融资、帮项目成长、帮投资增值"的服务型股权众筹平台。云筹平台有丰富的合作机构，合作机构发布项目并成为项目保荐人，大大拓展了项目来源通道

4.2.3　人人贷平台

我们知道债权式众筹的实质就是 P2P 网贷，因此要进行债权众筹，就需要了解一些不同的 P2P 平台。

人人贷平台是人人友信集团旗下公司及独立品牌，2010 年 5 月正式成立，作为中国最早期的基于互联网的 P2P 信用借贷服务平台，人人贷平台以其诚信、透明、公平、高效、创新的特征赢得了良好的用户口碑。如今，人人贷平台已成为 P2P 行业的典范之一。

人人贷平台的产品适合不同的人群，如果以资金用途来分类，则有如图 4-19 所示的 3 种。

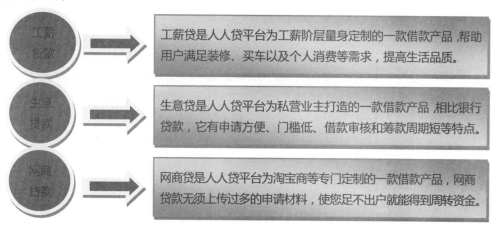

图 4-19　人人贷平台提供的产品

除了产品之外，无论是借款者还是贷款者，使用人人贷 P2P 平台，主要可以享受如下所示的相关服务。

- **释放用户借款和理财的自主权利**：借款人通过个人信用申请借款，获得资金；理财人通过公开信息自主选择进行投资，获得收益。

- **建立互联网时代的个人金融风险定价体系**：通过有效的个人信用模型和大数据的挖掘，逐步建立并完善符合时代特征的个人金融风险定价体系，可用于内部风险控制。

- **实现更低借款成本和更稳健投资收益**：受益于精准的个人金融风险定价体系和安全分散有保障的投资机制，借款人和理财人的权益均可得到充分的保障。

通过首页进入人人贷平台的相关贷款页面之后，就可以看到如图 4-20 所示的页面，对借款信息、用户信息等内容进行详细的了解。

图 4-20 人人贷平台产品详细页面

人人贷平台的风险管理

人人贷平台每笔借款成交时，提取一定比例的金额放入"风险备用金账户"，借款出现严重逾期时，这笔钱将用来垫付此笔借款的剩余出借本金或本息。另外，人人贷与招商银行进行合作，由银行托管账户，确保资金安全。

4.2.4 积木盒子平台

除了人人贷平台之外，积木盒子也是一个不错的 P2P 平台。积木盒子是面向个人投资人的理财融资平台，于 2013 年 8 月 7 日正式开始运营。该平台主打优质理财，借款的收益较高也较为稳定。

在积木盒子平台上，可以享受如下所示的服务。

● **丰富选择**：积木盒子平台提供了多种期限、多个地域、多种行业、多种形式的投资项目，投资者可以自由选择。

● **收益较高**：所有产品收益普遍较高，最高可达 12.5%，投资次日即开始计算利息，省去中间环节，让参与双方都受益。

● **贴心服务**：积木盒子平台有专业的 P2P 网贷团队，为参与双方倾力服务，为贷款和理财提供一站式服务。

● **安全保障**：安全保障包括第三方担保系统、保证金、风险互助金、法律援助金等，多重安全防线为投资者提供资金与权益保障。

进入积木盒子平台首页（http://www.jimubox.com）会看到如图 4-21 所示的页面，一个项目中包括项目基本内容与收益情况。

图 4-21　积木盒子平台首页

进入一个项目之后，就能详细了解该项目的借款信息，同时包括借款人与担保信息，具体如图 4-22 所示。

图 4-22　积木盒子平台借款项目信息

P2P 平台还有很多，下面通过表 4-2 来进行介绍。

表 4-2　债权众筹 P2P 平台

名称	LOGO	主要优势与特点
宜人贷	宜人贷 www.yirendai.com	宜人贷是一家个人对个人的 P2P 网络借贷服务平台，为有资金需求的借款人和有理财需求的出借人搭建了一个轻松、便捷、安全、透明的网络互动平台。其最大的特色就是帮助借贷双方咨询、评估、信贷方案
陆金所	陆金所 中国平安集团成员	陆金所是平安金融集团旗下的成员之一，依托着平安集团强大的背景，为广大机构、企业与合格投资者等提供专业、高效、安全的综合性金融资产交易（P2P）相关服务及投融资顾问服务

续表

名称	LOGO	主要优势与特点
拍拍贷	拍拍贷 ppdai.com	拍拍贷成立于 2007 年 6 月，是国内第一家 P2P 网络信用借贷平台，也是交易量最大，媒体报道最多，用户体验最好，创新能力最强，口碑最佳的平台。但因为较为传统，因此其产品存在一些逾期率
有利网	有利网 YOOLI.COM	有利网提供安全、有担保、高收益的互联网理财服务。通过有利网的推荐，用户可以将手中的富余资金出借给由小额贷款金融机构担保的、信用良好的小微企业，并获得利息回报

4.3 垂直众筹平台

前面的众筹平台不管是奖励式还是股权式，都属于综合众筹平台，在此之外，在众筹市场上还有很多垂直众筹平台。

所谓垂直众筹平台，就是根据垂直众筹产品进行分类，这些平台因为专做某一类产品，种类齐全，回报优质，是参与众筹的好去处。

4.3.1 年轻人创意众筹平台——追梦网

从参与者的定位来说，追梦网是中国最具青年影响力的众筹平台，其专注于青年新型的生活方式推出不同的众筹产品。

进入追梦网首页（http://www.dreamore.com），可看到如图 4-23 所示的页面。

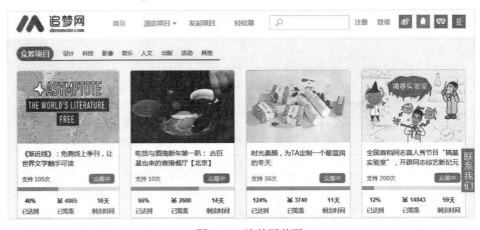

图 4-23　追梦网首页

选择进入一个项目，就会直接看到该项目不同的支持等级及回报，同时有相关的回报图片，比其他平台更加直观，具体如图 4-24 所示。

图 4-24　追梦网众筹产品页面

在追梦网平台，有三大板块与特色功能，可以帮助参与双方完成许多有创意的众筹项目，具体如图 4-24 所示。

浏览项目

投资者可以看到所有正在众筹中以及众筹结束的项目。如果你是发起人，里面有很多成功和失败的案例供参考；如果你是支持者，追梦网可以看到别人的创意梦想，在进行投资的同时，也亲自参与了该创意。

梦享志

追梦网是以年轻人为主的众筹平台，在众筹活动中可以认识很多差不多年纪、梦想、处境相仿的朋友。通过不同的众筹及线下活动，让个人的梦想得以快速实现。

活动推荐

梦享志是追梦网整理的相关众筹故事与成功案例，无论项目发起者还是支持者都可以从中得到想要的众筹经验。

图 4-25　追梦网特色

除此之外，追梦网还有如下的一些投资特点。

● **垂直类型**：追梦网主要以年轻人的创意众筹为主，项目类型涉及科技、影视、摄影、出版、设计、音乐、旅行及活动等。

● **不支持公益众筹**：追梦网所接受的是有购买行为的项目或者个人梦想

行为，公益众筹不能在追梦网发起。

● **知识产权**：追梦网是一个独立于发起者与支持者的第三方平台，发起者对自己的项目以及最后的成果拥有自主知识产权。

● **众筹限额**：追梦网的项目没有额度的限制。

● **众筹期限**：在追梦网的众筹项目筹款时长控制在 10～45 天内，较短或较长的项目需要特殊审核。

● **同类发布**：项目在追梦网上线期间，不得在其他类似的众筹平台发布内容一致或相似的项目。

4.3.2　农业众筹平台——尝鲜众筹

我国作为农业大国，在新农村建设的大环境下，新型农业有着非常广阔的前景，农业众筹就是其中的农业与互联网相互结合的产物。

尝鲜众筹平台在 2014 年 3 月正式上线，是中国第一家针对现代新农人的农业领域专门性众筹平台，它为农业项目的创业发起人提供募资、投资、孵化、运营的一站式专业众筹服务。

尝鲜众筹平台首页（http://www.changxianzhongchou.com/）如图 4-26 所示。

图 4-26　尝鲜众筹平台首页

尝鲜众筹平台是东方资本管理集团旗下的众筹平台，它发起建立了新农产业基金，通过众筹的方式为新农人提供强大的资金支持。尝鲜众筹平台主要可以提供如下所示的 4 种服务。

● **人际关系**：让最优秀、最有创意想法的农业工作人员会聚到一起。

- **智慧**：让所有新农建设的智慧汇聚起来，完成新农梦想。

- **资本**：用强大的资本力量帮助有理想的新农人。

- **未来**：具有前瞻眼光，提前实现未来的发展，让项目发起人和项目支持者同时获利。

　　下面就来了解一下尝鲜众筹平台在实际的操作中有哪些细节规定，如图 4-27 所示。

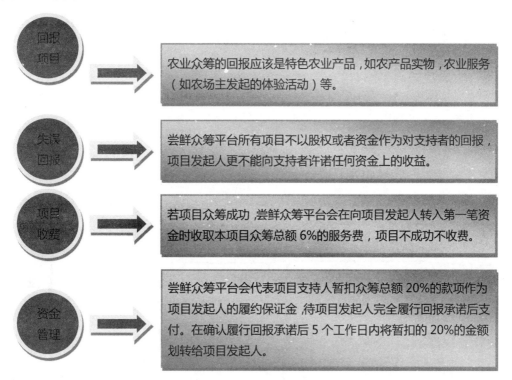

图 4-27　尝鲜众筹的筹资细节

4.3.3　艺术众筹平台——ARTIPO

　　艺术品因为其特殊性，价值很难被估算，其交易也需要严格的监管，因此如果要通过众筹完成艺术项目，就需要非常专业的平台。

　　ARTIPO（艺术银行）致力于艺术品投资及交易，通过公开的鉴定、评估、挂牌、交易等规则制度保障艺术品交易顺利完成。

　　在 ARTIPO 平台上，最重要的就是通过众筹、定制的方式为投资者、艺术家、艺术爱好者及艺术从业机构的各种需求进行有效管理与实现，创造艺术领域全新的业态与交易模式 。

进入 ARTIPO 平台首页（http://www.artipo.cn/），会看到较为典型的众筹页面，首页的项目展示包括艺术品名称、图片及筹资目标、时间等，具体如图 4-28 所示。

图 4-28　ARTIPO 众筹平台首页

艺术众筹因为其特殊性，在运作过程中有如图 4-29 所示的流程。

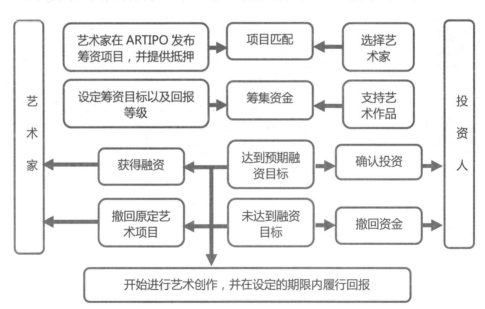

图 4-29　ARTIPO 众筹平台筹资流程

假艺术品众筹纠纷

在 ARTIPO 众筹平台上线的艺术品，一般都由支持者自行鉴定，如果是特别贵重的艺术品，平台会作为第三方参与鉴定评估。

4.3.4　多媒体众筹平台——淘梦网

淘梦网是目前最大的新媒体影视平台，提供专业的多媒体众筹和营销发行服务。同时该平台是国内首家垂直型众筹平台，专注通过众筹的方式提供网络融资平台，电影团队可以在平台上发布拍摄计划、列出预算、展示团队、记录进度、沟通交流、寻求合作，最终完成作品创作。

在淘梦网首页（http://www.tmeng.cn）可以看到非常多的多媒体众筹项目，如图 4-30 所示。

图 4-30　淘梦网首页

淘梦网众筹有如下的投资细节。

- **众筹项目：**与新媒体相关的项目都可以发起，如个人电影拍摄、微电影创作、出版物、创意影片下载等。

- **回报方式：**淘梦网项目不能够以股权、债权或是资金作为对支持者的回报，不能向支持者许诺任何资金上的收益。其回报必须是以实物（如产品、出版物），或者媒体内容（如提供视频或者音乐的流媒体播放或者下载）等。

- **筹资额度：**淘梦网对目标金额无任何限制性要求，目标资金由项目发起人按照执行项目所需资金进行预估，最终决定权在项目发起人手上。

- **版权问题：**媒体类项目是非常容易出现版权问题的，在淘梦网进行众筹项目，其不会对发起人发布到淘梦服务中的文本、文件、图像、照片、视频、声音、音乐作品、创作作品等内容有任何所有权。相关的众筹版权保护全由项目发起人负责。

4.3.5　丰富的垂直众筹平台

在我国还有其他的垂直众筹平台，如表 4-3 所示。

表 4-3　垂直众筹平台

名称	LOGO	主要优势与特点
乐童音乐		乐童音乐是一个专注于音乐行业的项目发起和支持平台，在这里可以发起音乐相关的项目和想法，并向公众进行推广，获得用户的资金支持，完成梦想。该平台有预售筹资和固定筹资回报两种方式
酷望网		酷望网是一个大学生创业的互联网平台。该平台作为一个中间机构，通过与各大院校、企业与导师的合作，共同营造一个具有创业氛围的良好环境，为大学生提供一个孵化梦想的平台
众筹旅行		众筹旅行是旅行社与众筹行业结合的典型平台，是智远旅行社有限公司旗下的旅游众筹网站。项目参与者可以在该平台上找到相关的旅游项目，通过众筹的方式参与其中；而项目的发起者为旅行社的旅行套餐或旅游目的地的娱乐项目、酒店等

Part 05

科技类众筹流程

在对众筹基础知识与相关平台进行详细的了解后，接下来就可以进入详细的产品研发与上线。科技类产品是如今众筹领域比较热门的一种类型。本章就来全面地认识科技类产品的具体众筹流程。

◇ 科技类众筹产品的设计
◇ 科技类众筹产品的上线

5.1 科技类众筹产品的设计

任何一个产品的出现，都需要经过从创意到生产再到销售的过程，如果要通过众筹的形式来完成一个科技产品，需要有如下过程。

5.1.1 产品概念构思与立项

要让一个产品顺利出现，概念构思是第一步。所谓产品概念，是指一个产品在出现的时候，设计师常常会为新产品设计一个概念，用以彰显产品的特点与优势。比如电脑概念中的"平板"、"一体机"等。

从众筹的角度来看，通常一个完整的产品概念由如下4部分组成。

● **消费者洞察**：从消费者的角度提出其内心所关注的有关问题。

● **利益承诺**：说明产品能为消费者提供哪些好处。

● **支持点**：解释产品的特点是如何解决消费者洞察中所提出的问题。

● **总结**：用概括的语言将上述三点的精髓表达出来。

现代产品概念的 3 个层次

现在做产品设计，需要从 3 个层次入手才能获得最佳的效果

第一层次的产品是核心产品，是指产品能给顾客提供的基本效用。

第二层次的产品是形式产品，是指产品所展示的外部特征，主要包括款式、质量、品牌、包装等。

第三层次的产品是延伸产品，是指顾客因购买产品所得到的全部附加服务与利益，如保证、咨询、维修等。

如今在做一个项目时，并不是盲目的乱撞，而是已经有了一定的方向，在这样的情况下，要做科技类的产品，可以从如图 5-1 所示的内容入手，将其概念与立项做得完美无缺。

权益保障：了解市场上如今有没有该类科技产品，确保创意没有侵权。

定位人群：了解市场的需求，分析不同人群对该类产品的认识与需求。

产品描述：产品描述需要对产品的初步外观、用途、质量等进行详细的说明。

图 5-1　产品概念设计的要素

市场预判：对产品的销售人群、销售方式、价格等进行定位与估计。

生产设计：对该产品的生产成本、生产方式等进行设计。

未来市场：产品概念中需要对该产品的市场竞争与未来市场进行调查与估算。

图 5-1　产品概念设计的要素（续）

下面将通过一个科技产品概念构思的案例来看看其详细的内容。

如果要做一个多媒体播放器的闹钟，有如下的市场调查与产品概念。

快节奏的生活，人们疲惫的心灵需要放松，所以市场上媒体播放器一直频繁的更新换代。而时光飞逝，岁月如梭，时间宝贵，钟表已成为人们生活中不可或缺的必备物品之一。

如今市场上很少有出现类似"多彩播放器"的产品。有的播放器虽然外观漂亮，但不经意间，忘记时间已经悄悄的从身边溜走，往往沉溺于其中。而有的时钟，虽然设计得很好看，但是也只有提醒人们重视时间，枯燥且无趣。

生产一款有创意的多彩播放器，便既能满足人们多方位的需求，调解人们心中的疲惫，舒缓人们心中的压力；又能提醒人们时间的重要性，让人们不再虚度光阴，切实提升生活质量。

这款产品的定位在"创意"、"趣味"、"色彩"上面。因为"创意"可以增添生活中的新鲜感，"趣味"为枯燥的生活增添许多活力，"色彩"则调适人们每天紧张的心情。

从初期目标市场来看，这款产品主要面对 12～30 岁的女性，因为这个年龄段的女性是最对生活抱着希望且容易接受的新鲜事物。

5.1.2　细化产品

在对产品的初步形态有了一定的概念之后，就需细化产品概念，细化的过程要根据产品概念的设计来确定，如在上面的案例中，并没有提及价格、生产等内容，就需要在细化中添加。

首先，产品概念的细化需有如下的内容，如图 5-2 所示。

生产细节：产品细化最主要的内容就是对生产细节的规划，简单来说就是从研发到生产的相关流程。在这个过程中，产品概念需要贯穿始终，指导产品的成型。

市场投放：市场投放也是产品细化的一个关键，需要对市场进行调查，确定投放的地区、渠道与方式，同时还需要对产品的不同销售价格进行确定，如出厂价格、零售价格等。

创意包装：创意包装就是对产品的外观设计、创意功能进行全方位的细化，在设计过程中，有必要对相关专利进行保护，这些都是保证一个项目产品成功的重要内容。

功能延伸：功能延伸包含的内容很多，任何对产品发展有利的创意都可以列入概念内，如相关的售后服务、会员活动等，都可以加强该产品的市场存在感。

图 5-2　产品细化要点

产品细化可以让产品更加受到欢迎，对高科技产品来说，细化可以从如下的几个方面入手。

● **功能细化**：功能细化从产品本身入手，从产品的生产等内容来加强产品的质量与功能。

● **品牌细化**：让品牌成为最好的包装，最典型的集团品牌。在业内有品牌教父之称的宝洁公司，它名下就有非常多的品牌产品。

● **情感细化**：情感细化是对产品功能之外用途的营销手段，将情感进一步细化为爱情、父子情、母子情、手足情、友情、同学情、乡情等，品牌应根据自己的品牌属性与个性，寻找到适合自己的情感文化。如某一款科技吸尘器可以细化为帮母亲减轻家务负担的情感。

● **群体细化**：对群体的细化体现在对该产品的使用功能上，如某运动服装品牌对其产品分为校园、休闲系列，起到了很好的市场定位作用，让更多的人有更好的使用体验。

同样以上面的"多彩播放器"为例，来了解一下在进行了相关的产品概念设计之后，还有哪些需细化的方面。

产品名称以简单为主，让顾客一看就了解产品的功能，明白产品的特色。没有必要去想很炫酷的名字。所以这个产品以播放器的功能为主，辅之以翻页钟的功能，所以在"多彩播放器"这个名字里面突出了产品的主要功能是播放器的功能，还突出了这个产品的一大特点，就是彩色。

产品的消费人群定位是 12～30 岁的女性，成员结构不算是很复杂，大多是学生、白领等经济实力还一般的人。考虑到制造的成本：钟表机芯，喇叭，外罩塑料、产品研发，以及产品售后的服务保障等，产品的定价确定在 200 元比较合适。

该产品正面看起来是普通的翻页钟，背面是播放器的输出设备，侧边有专门连接电脑的 USB 接口，可以连接到电脑，把喜欢的歌曲放到"多彩播放器"当中。

在播放器上有 3 个按钮，最左边的是背景灯光的设置灯，有三种背景灯，分别是红色、蓝色、绿色；中间的按钮是闹铃设置的按钮，顺时针扭动可调整闹铃的时间，逆时针扭动可设置闹铃的歌曲，上下按钮是设定闹铃的设定与关闭。最右边的按钮是对于音乐播放器的设置按钮，来设定音乐播放器的关闭与打开。

该播放器使用的是普通的 7 号电池，另外为了贴近"彩色"这个主题，此款播放器配备了三种主题外壳颜色，分别是红色、蓝色和粉色。

为了更加全面地细化产品概念，设计产品概念时可以加上产品的设计图，虽然最终的设计并不一定如此，但为产品的初步程序提供了基础。

5.1.3　产品创新

科技类产品的创新是特别重要的,特别对众筹方式来说,如果产品不新颖,消费者可能会直接选择到实体商店购买相关产品。那么科技产品的创新都体现在哪些方面呢？

产品创新的模式有很多，具体如下。

● **全新产品**：这类新产品是其同类产品的第一款，也就是全新创造，开发了全新的市场，此类产品约占新产品的 10%。

- **新产品线**：这些产品对市场来说并不陌生，但对于有些厂家来说是陌生的，是其第一次生产，约有20%的新产品归于此类。

- **品种补充**：这些新产品属于工厂已有的产品系列的一部分。对市场来说，既可以是新产品，也可以是新产品线。此类产品是新产品类型中较多的一类，约占所推出新产品的26%。

- **老产品的改进型**：对老产品的改进是创新的一大方式，新产品比老产品在性能上有所改进，提供更多的内在价值，该类新改进的产品约占推出新产品的26%。

- **重新定位的产品**：这是老产品在新领域的应用，一般是将老产品重新定位于一个新市场，或应用于一个不同的领域，此类产品约占新产品的7%。

- **降低成本的产品**：严格来说这类产品并不属于新产品，它们在产品的性能和功效上没有太大的改变，仅是生产中的成本降低了，如生产过程更加环保等，因此也可以被称作新产品，但此类产品可能有更好的创意概念，此类产品约占新产品的11%。

产品创新的几种方法

产品创新的方法分为内部创新与外部引进两种。

内部研发是指企业主要通过自己的力量来研制新技术，开发新产品，主要方式有自主创新、逆向研制、委托创新与联合创新。

外部获取是指企业不通过自己的研究与开发，直接从企业外部获取某种新技术或专利，主要的形式有创新引进、企业并购与授权许可。

对需通过众筹进行筹资售卖的产品来说要进行创新，可从如图5-3所示的几方面下手，让产品更加具有竞争力，也让众筹轻松完成。

适用性

适用性是产品创新的根本，它体现了人们对产品使用时的功能所体现出来的示意性、宜人性、可靠性、安全性等。

图5-3　产品创新的要点

社会性

社会性是指对社会发展产生的影响，如一款产品在创新时应该充分考虑资源利用、生态平衡、社会总效益等因素。

健康性

产品创新应该朝着更加健康的方向发展，在如今的科技产品众筹中，能带来健康生活的产品会更加受到人们的欢迎。

审美性

不断地审美创新在产品设计中有相当重要的地位，在外表较为冰冷的科技产品中，有良好的外包装更能吸引人们的眼球。

人性化

产品的创新设计应该以人为本，不能一味地追求个人的创意，任何非人性化的设计最终都会被市场淘汰。

可持续发展

可持续发展体现在两个发面，一是产品本身对自然环境的保护，二是该产品售后服务，这在产品创新上也是非常重要的。

图 5-3　产品创新的要点（续）

下面将介绍一个科技类众筹产品创新的案例。

Pebble 是一个从众筹网站逐渐成长起来的智能手表品牌。起初，Pebble 仅仅是作为智能机的辅助外设备而存在，通过蓝牙将手机上的消息通知、短信与来电一并显示在一块小小的电子屏上。

为了在市场竞争中站稳脚跟，该公司推出了新一代的 Pebble Steel 手表，新一代产品中加入了全钢材质，目的是模仿传统的男士手表，而且取得了非常不错的效果。

另外，比起前代产品，新一代产品上下短了 6 毫米，左右窄了 2 毫米，因此有更窄的刷面金属边框。Pebble Steel 可选配银色不锈钢刷面表带，黑色磨砂金属表带或者黑色皮革表带，真的很像一块传统手表，让舒适性大大提升。

手表左侧是电源键和改良后变小的充电接口，右侧则是上/下选择按钮，按键全部采用刷面金属材质，与表身其他部分统一。另外，有越来越多的应用程序可供用户选择，还有成千上万的第三方软件。这种创新让 Pebble Steel 更加实用，市场占有率也越来越高。

从图片来看，两代 Pebble 只能手表的对比如图 5-4 所示。

图 5-4　两代 Pebble 智能手表

5.1.4　产品外观设计

任何一款科技产品在初期研制成功后，不可能直接就进入销售渠道，它还需要有实用且精美的产品外观。我国的专利法对产品外观设计做出了明确的解释，产品外观设计是指对产品的形状、图案、色彩或者其结合所做出的富有美感并适于工业上应用的新设计。

产品外观设计的内容

产品的外观设计包含的内容主要是指形状、图案、色彩的设计。

其中，形状是指三维产品的造型，如家用电器、汽车等产品的总体结构；图案一般是指平面设计，如服装、装饰品的图案；色彩可以是构成图案的成分，也可以是构成形状的部分。

在产品的外观设计中，一定要让产品的外观与产品的功能、整体效果、环境、安全性进行结合，下面就来了解一下具体的内容。

（1）外观与功能结合

外观与功能结合是科技产品外观设计中最重要的内容，具体内容如图 5-5 所示。

对于产品设计来说，注重功能是必需的。许多零件的形态都是由其用途所确定的，并能表现出机器整体或局部的功能。如果外观和功能不同，该产品最终会被市场淘汰。

图 5-5　产品外观与产品功能结合

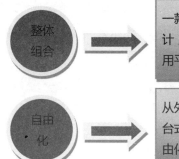

整体组合：一款较为复杂的产品易给人留下不规整的印象，通过从外观设计，可对产品的组合媒介进行分析。然后用直线与矩形造型或采用平面曲线与空间曲线造型来表现产品的结构。

自由化：从外观设计的自由化会给产品的使用方法带来变革，如从最初的台式电脑，到笔记本电脑，再到如今的平板电脑，这种外观的自由化变动让产品的使用变得更加实用与先进。

图 5-5　产品外观与产品功能结合（续）

（2）外观的整体协调

在外观设计时，使产品整体变得协调是非常重要的内容，这主要是从外观的用途和协调组装来体现的，具体如图 5-6 所示。

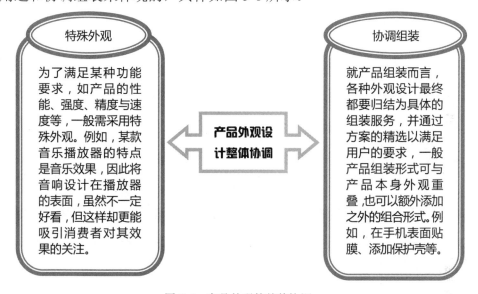

特殊外观：为了满足某种功能要求，如产品的性能、强度、精度与速度等，一般需采用特殊外观。例如，某款音乐播放器的特点是音乐效果，因此将音响设计在播放器的表面，虽然不一定好看，但这样却更能吸引消费者对其效果的关注。

产品外观设计整体协调

协调组装：就产品组装而言，各种外观设计最终都要归结为具体的组装服务，并通过方案的精选以满足用户的要求，一般产品组装形式可与产品本身外观重叠，也可以额外添加之外的组合形式。例如，在手机表面贴膜、添加保护壳等。

图 5-6　产品外观的整体协调

（3）外观与环境的适应

一款科技产品的外观设计与环境的适应对提升其竞争力有很大帮助，具体有如下的一些内容。

● **孤立设计**：所谓孤立设计，是指不联系其他因素的设计。在科技产品中，孤立设计比较困难，因为大多数产品的功能都类似，这就需要在产品表面做足功课，如将一款音乐播放器外形制作成喇叭的形状。

- **清晰的外观**：产品外观是视觉环境中的一部分，因此需要很清晰的显示外观，如果产品表面模糊不清，让人无法认识这款产品究竟是什么，就会很难受到用户的关注。

- **视觉环境**：视觉环境也是对产品外观设计影响较大的因素之一，如一款科技产品如果外表采用了金属的材料，就比采用塑料材质更吸引消费者。

（4）外观与安全的适应

外观的安全也是产品设计非常重要的，外观与安全一般体现在两个方面，一是对产品本身的保护，另一种是对使用者的保护，具体内容如图 5-7 所示。

> 首先从外观对产品本身的保护来说，合理的产品外观设计，可减少由撞击而带来的损害，如一款智能手机，将其四角边缘设计成弧形，相比与设计成直角更能减少手机掉落带来的损害。

> 产品本身需要绝对的安全，这样才能避免给使用者带来身体伤害。例如，一款最新的蓝牙耳机，为了增加其功能，设计时外观时加入了更多的按键，这就增加了耳机本身的重量，加大了使用者耳朵的负担。

图 5-7　产品外观与安全的协调

下面来看一个科技产品的外观设计案例。

Ikey1s 是一款智能触感键盘，时尚的外观设计是潮人必备的电子产品，它的厚度非常薄，是世界上目前最轻薄的蓝牙键盘。在产品的外观设计上，有如下的特点。

第一，从外观与功能结合来看，Ikey1s 键盘的布局与传统键盘并没有太大的不同，完全不会影响键盘本身的功能，如图 5-8 所示。

图 5-8　Ikey1s 键盘键盘布局

第二，该键盘所提出的创意是"薄"，因此在设计时该键盘不仅厚度只有1.55毫米，还采用了软体材质，可弯曲折叠，如图5-9所示。

图 5-9　软体材质键盘

5.1.5　产品小批量生产

在对产品的相关设计完成之后，就可以开始进行生产，科技类产品的小批量生产一般会经过模具与生产两个阶段。

模具，是工业生产上用以注塑、吹塑、挤出、压铸或锻压成型、冶炼冲压等方法生产所需产品的各种模子和工具，简而言之，模具是用来成型物品的工具，这种工具由不同的零件构成，它主要通过所成型材料物理状态的改变来实现物品外形的加工。

模具成型一般有如图5-10所示的流程。

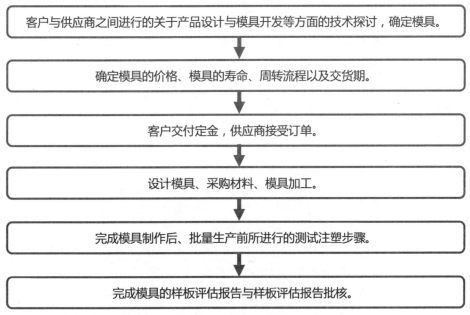

客户与供应商之间进行的关于产品设计与模具开发等方面的技术探讨，确定模具。

确定模具的价格、模具的寿命、周转流程以及交货期。

客户交付定金，供应商接受订单。

设计模具、采购材料、模具加工。

完成模具制作后、批量生产前所进行的测试注塑步骤。

完成模具的样板评估报告与样板评估报告批核。

图 5-10　模具生产流程

如果模具通过批核，就会开始进行小批量试产，批量试产出来的产品可能就是最终的产品，因此需要认真对待。

具体小批量生产的流程，如图 5-11 所示。

在产品模具与试制完成（通过评审）后，在大批量投产以前需要执行小批量试产流程，以便于考核相关的产品及生产能力，其最重要的考察内容有如下以下几方面：供应商批量加工生产能力；产品批量加工的工艺保证性能；产品批量装配性能；最终成型产品的质量。

小批量生产虽然不会生产太多的产品，但也需要有详细的权益保障，因此需要确定如下所示的内容。数量的确定：小批量试单数量一般为月产量，或月产量的 1/2，避免因为某些不确定的因素导致浪费；与供应商沟通确认关键尺寸及其加工工艺；与供应商确定交期。

生产前的准备是必须要做的工作，主要有如下几方面。装配试产以前需要制备一套完整的生产工艺来指导生产；配备已确定的特定工艺的工装，保证装配质量；质检设备、质检标准；必要的培训，让员工熟悉产品，加快产品批量生产进度；以技术部门为主，与质检部协商制定小批量生产，如何对产品进行全面的检测，以便于对小批量生产过程进行评价。

生产结束后，需要有总结评审，主要有如下的内容。各部门联合测试，按照相关标准测试结果由技术部门汇总；小批量试制评审，通过后可结束研发任务进行后续生产；如果评审没有通过，则给出相应的改进方案，并给出期限。方案通过后才可以进行下一个试单。

图 5-11　小批量生产的流程

小批量生产与众筹

小批量生产最初是为了帮助企业更加了解产品，而在众筹中它的应用是最为明显的。项目发起者将小批量生产的产品发布到众筹平台，等到筹集到一定的资金后，再进行正式生产。

这种方式对发起者和支持者双方都可以带来优势，在前期带来更多的需求变更，极大地消除了后期的库存隐患。并且产品可以在早期得到更加充分地验证与改进，并且可以不断地小批量迭代试产。

5.2 科技类众筹产品的上线

传统的产品需要在正式生产之后才开始销售，然而众筹产品是在批量生产之后甚至在概念设计时就已进入了销售渠道。下面就来了解一下科技类产品在众筹领域有关的内容。

5.2.1 C2B 模式

C2B 模式是一种全新的电子商务形式，即消费者对企业。正因为有了众筹，才出现了 C2B 的全新形式。

C2B 模式省掉了中间商，直接由生产企业供货，也就是全国统一价，其他渠道不掌握定价权。另外，C2B 产品价格结构合理，渠道透明，没有价格暴利，同时 C2B 模式的供应链非常透明，所有人都可以直接参与其中。

C2B 模式有如图 5-12 所示的特点。

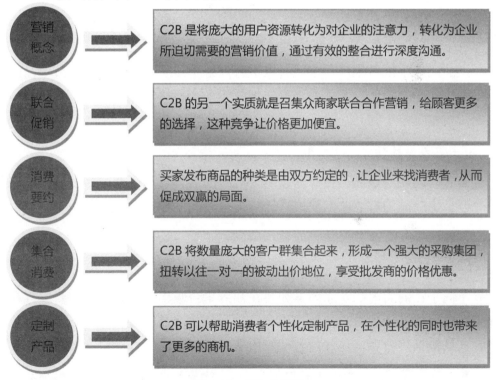

图 5-12 C2B 的实质

从众筹的角度来看，它本身就是一种 C2B 的销售模式，而科技类产品又因为使用人数较少，价格较高，因此 C2B 模式就顺势应用到了科技类产品中。

目前：国内成熟的 C2B 定制模式有如下 4 种。

- **满足不同需求**：首先通过成熟的模块组合快速形成产品的个性化，同时这些个性化的产品方案可以满足不同群体的需求，在这样的情况下，可实现一定的规模化，如一款手机有不同的内存。

- **客户参与**：C2B 可以让潜在用户参与到产品的设计之中，因为关心科技类产品的人大多具有一定的专业水准，这让产品的更新换代周期越来越短，同时也让产品质量更高。

- **预售模式**：预售模式是非常成熟的一种 C2B 模式，厂商会实现通过互联网平台对产品的功能特点进行征集与投票，同时先收取用户的钱，然后根据结果进行产品设计。

- **个性化生产**：厂商会面向个体进行个性化生产，这种模式可以为每个用户量身打造不同的产品，如有私人照片的手表、电脑刻字等，因为产品本身比较难推出新品，因此通过这种手段来加强营销。

5.2.2　科技类众筹项目的上线

产品已经小批量生产后，就可以进行众筹上线了，在前面的章节中已经介绍了不少的众筹案例，下面就再来详细分析一个科技类众筹项目，了解其项目上线需要做哪些步骤。

(1) 众筹名称确定

首先，需要为该高科技产品想一个众筹的名称，这个众筹名字最好能够简单地概括出产品的特点，一般用"——"与产品名称相连，具体如下。

云盒子——企业共享协作的筋斗云。

(2) 发布者情况介绍

不同于在商店内购买东西，如要在众筹平台吸引支持者，就需要进行自我介绍，这样才能让项目支持者认识自己。科技类产品的自我介绍一般是公司简介、产品概括等内容，这些内容一般用文字进行表述，具体如下。

- **关于我们**：云盒子是我们加拿大 IT 精英为中国企业开启云端办公的研发项目。

- **我们的团队**：云盒子科技有限公司隶属西岸枫谷商务数据有限公司，

由北美留学 IT 精英回国创办于高新区留学人员创业园，在核心技术的攻关过程中，开发人员都需要同北美研究中心的技术人员进行密切的配合。是省内首批通过国家认定的高新技术企业、工信部认定软件生产企业。

● **我想要做什么**：在这个云端的时代，随着人们的生活越来越互联网化，工作也由原来的纸质化进入办公自动化的时代，在办公自动化快速发展的过程中，企业中的大量数据都是以文件的形式存在，那么办公期间的交互和协作就成为工作中的重点。而人们在工作中只能通过 QQ、个人网盘进行文件备份，但是很难实现直接在云端编辑与协作。看到此环境的困惑，来自加拿大的 IT 精英带着他们的企业云存储的解决方案回到国内，将为中国企业开启云端办公的旅程。

（3）项目包装

科技类产品的项目保障是非常重要的，通过项目包装，要让所有的信息得以展示，其方法如图 5-13 所示。

展示方式：科技类产品的项目包装不要使用过多的文字，最好使用大量的产品图片，并将相关文字简洁地标注在图片上，制作成宣传海报，另外也可以制作相关视频。

展示内容：科技类产品展示的内容有产品的外观、用途、功能及形象宣传画，同时还需要将产品的详细配置情况列举出来。

隐私内容：涉及产品研发的专利技术等，可以不用展示到众筹平台，以保护该创意不被其他公司抄袭。

图 5-13 科技产品的包装要点

首先通过视频的形式展示了云盒子的产品，视频制作成功后，首先需要上传到视频网站(如优酷网、土豆网等)，然后再将相关链接发布到众筹平台即可，如图 5-14 所示。

图 5-14 视频展示

科技类产品的图片包装应当由专业的美工设计师进行设计，不仅需让信息准确，还要美观合理，具体如图 5-15 所示。

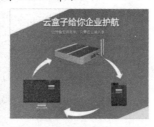

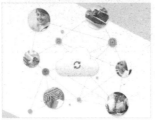

图 5-15　科技产品的图片包装

（4）项目进展

列举科技类产品的产品进展情况是非常重要的，因为只有支持者详细了解了项目当前进展到了什么步骤，才可以决定什么时候参与支持，具体如下。

- 2013 年 6 月：受到美国 box 企业云存储启发回国创业。

- 2013 年 8 月：组建开发团队。

- 2014 年 7 月：基本软件功能开发完成。

- 2014 年 10 月：完成主要功能测试，继续迭代。

- 2014 年 11 月：与硬件厂商洽谈。

- 2015 年 1 月：小批量生产，组配。

- 2015 年 2 月：嵌入稳定，量产。

其他展示项目

在项目包装过程中，还可以加入"产品为什么需要众筹"、"项目风险"、"资金用途"等内容，一般是用文字的形式进行列举。

此外，如果项目发起者有任何需要告知项目支持者的，都可以通过文字或图片的形式表达，涉及的权益问题需要格外标注。

（5）筹资目标与支持等级

筹资目标包含两个内容，分别是筹资金额与筹资时间，这需要根据产品的具体金额与众筹平台的规定来确定，具体如下。

此项目必须在 2015 年 1 月 25 日前得到 10 000 元的支持才可成功。

从支持等级来说，科技类项目可能直接就是进行产品的预售，因此每个等级都需要与产品价格挂钩。

科技众筹支持等级与回报一般有如图 5-16 所示的几种。

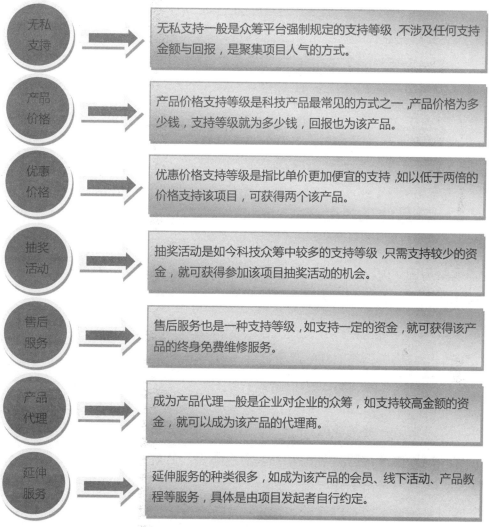

图 5-16　科技产品不同的支持等级

云盒子的支持等级与回报如下。

- **无私支持**：感谢您的无私奉献，您的这份捐赠将助我们的梦想飞得更高更远。

- **10元**：获得团队版软件，同时参加抽奖赢取云盒子私有云产品。当支持人数满138抽一台1380元的服务器，当支持人数满598抽一台5980元的服务器，当支持人数满1680从中抽一台16800元的服务器，以阶梯推进抽奖。

- **1380元**：1380元获得一台云盒子企业私有云(i3服务器+云盒子软件)感谢您的支持，你将获得原价1980的云盒子服务器，功能对应团队版，服务器一年保修，终身售后服务。

回报包装

相关的回报内容是由项目发起者自行决定与编辑的，因此可以在回报类文字中编辑一些感激的话语，让支持者更加愿意参与其中，同时也可以配图片，让回报内容更加直观。

5.2.3　产品的正式生产

众筹成功后，就可以开始正式生产产品。正式生产产品与小批量生产一样，都需要经历确认生产、付款、生产及交付等流程。但在实际的操作过程中，产品的正式生产一般可划分为如下四个过程。

- **技术准备过程**：产品设计、工艺设计、工艺装备的设计与制造、标准化工作、定额工作、调整劳动组织与设备的平面布置、原材料与协作件的准备等。

- **基本生产过程**：与构成产品直接有关的生产活动，如毛坯制造、零部件制造、整机装配。

- **辅助生产过程**：为保证基本生产而进行的动力工具的生产，设备维修以及维修用备件的生产等。

- **生产服务过程**：物流工作，如供应、运输、仓库等管理活动。

对于非专业人员来说，科技产品的生产过程可能会非常复杂，与众筹也没有直接联系，因此作为项目发起者，只需稍作了解即可，具体有如下的步骤。

第1步：客户认可产品后，下订单。

第2步：计划部门按照客户的交货时间安排物料采购、生产及出货计划。

第3步：采购部在规定的时间内采购生产物料。

第4步：物料采购回来后送物料货仓，品质部会对物料进行来料检验。

第5步：物料检验合格后会进仓库保存，等候生产。

第6步：所有物料到齐后生产部按计划的时间生产出合格的产品。

第7步：生产部生产出产品后，品质部检验所生产产品是否符合客户要求，能否出货。

第8步：产品检验合格后送到成品货仓，等待出货。

第9步：出货后由各地分销商进行产品销售。

对于项目的发起者，要保证众筹的顺利完成，在产品正式生产过程中需要注意如图5-17所示的内容。

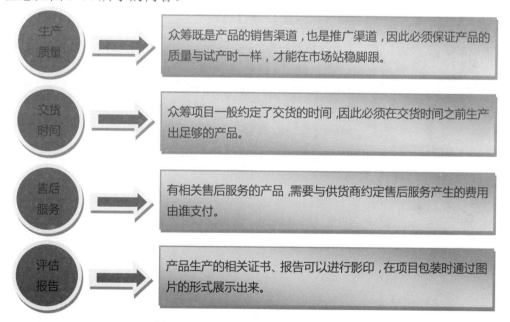

图5-17　众筹产品正式生产的注意要点

5.2.4　科技产品的回报

众筹项目成功并且在产品生产完成后，就需要履行相关回报，不同的项目支持有不同的回报方式，具体如图5-18所示。

实物回报

科技类产品最主要的就是实物回报，项目发起人需要在约定的回报时间之前将相关的科技产品通过邮递的方式送到支持者手中。因此项目支持者必须在支持时留下自己详细的邮政地址与联系方式。

抽奖活动

科技类产品众筹一般会有抽奖活动，对于这类支持项目，需要在专门的抽奖平台进行抽奖，保证整个过程的公开与透明。对中奖的项目支持者，不仅能获得该产品，还应该享有相应的售后服务。

售后服务

科技产品的使用周期一般都比较长，售后服务是非常重要的。在众筹结束之后，如产品出现问题，可能无法通过原有的联系方式联系到项目发起者，因此项目发起者与支持者必须有明确的售后约定。

图 5-18　科技产品履行众筹回报

产品维权纠纷

在网上购物，如果对服务有不满意的地方，可直接申请退货、换货或给予差评，而众筹要实现这些却比较困难。

如果想要退货或者换货，支持者只能与发起者取得联系，并详细告知退换的理由。如果出现矛盾，可与众筹平台取得联系。

Part 06

农业类众筹流程

不同的产品有不同的众筹方式，作为众筹行业中占比非常大的农业产品来说，它从项目创意、项目完善、项目上线、项目回报等各个方面都与科技产品不同，本章一起来了解如何完成一次成功的农业众筹。

◇ 农业众筹产品的设计
◇ 农业产品的众筹上线

6.1 农业众筹产品的设计

农业产品不仅是众筹行业较为领先的垂直项目，而且更是未来发展的一大热门产业，下面就来了解一下要实施一个农业众筹之前的工作。

6.1.1 认识农业与现代农业

要了解农产品众筹，就需要认识农业究竟是什么。所谓农业，是指国民经济中一个重要产业部门，是以土地资源为生产对象的部门，它是通过培育动植物产品从而生产食品及工业原料的产业。

农业被定义为第一产业，是因为它具有不可替代的作用，任何一个国家一个区域乃至一个人都必须发展农业，它是人类赖以生存的基础。

农业是自人类存在以来就一直存在的，那么农业究竟包含哪些类别呢？

- **种植业**：种植业是传统农业的定义，这是一个国家最重要的产业之一，内容包括农作物与经济作物。农作物通俗来讲就是粮食，如小麦、稻谷、玉米等，经济作物是一种有特定经济用途的农作物，如甘蔗、花生等。

- **林业**：林业是保护生态环境、维持生态平衡，培育和保护森林以取得木材与其他林产品的一种产业，生态环境与森林木材资源都属于林业范畴。

- **畜牧业**：畜牧业是人工饲养一些已被人类驯化或即将驯化的动物，最终发展为肉、蛋、奶、毛、皮等产品的产业，它与种植业并列为农业生产的两大支柱。

- **水产业**：也就是传统的渔业，是人类利用水利资源，通过捕捞、养殖和加工来获得水产品的社会产业。

- **副业**：副业是指对农产品的直接加工产业，如编织、采药等。

在众筹中，任何农业产品都可以发布相关项目，然而普通的农产品可能很难通过创意在众筹平台成功，此时就需要认识另一个概念——现代农业。

所谓现代农业，是指应用现代科学技术、现代工业生产资料与科学的管理方法来建设的社会化农业。在按照农业生产力的性质与状况划分的农业发展史上，是最新发展的农业阶段。

现代农业和传统农业的区别

现代农业可向社会提供无污染、食用安全的环保食品，保证食用者的身体健康；现代农业产品可以减轻环境污染，有利恢复生态平衡；提高农产品在国际上的竞争力，增加收入；有利于增加农村就业、农民收入，提高农业生产水平。

一般与现代农业有关的产品在众筹平台都可以得到较好的包装，现代农业具体有如图 6-1 所示的内容。

绿色农业

绿色农业是将农业与环境协调起来，促进环境的可持续发展，增加农民收入，保护环境，同时保证农产品安全性的农业。

物理农业

物理农业是指利用具有生物效应的电、磁、声、光等物理因子操控动植物的生长发育及其生活环境，促使传统农业逐步摆脱对化学肥料、化学农药等化学品及自然环境的束缚，最终获取高产、优质、无毒农产品的环境调控型农业。

休闲农业

休闲农业是一种综合性的休闲农业区，是以农村为体验的综合服务。可进行观光、采果、住宿、度假、游乐等活动。休闲农业的基本概念是利用农村的设备与空间促进农村发展的一种新型农业。

工业农业

工业化农业是现代农业中比较高级别的，它通过运用现代高科技、新设备与管理方法，使农业进行机械化、自动化高度密集型生产，从而提高农业效率，从而摆脱自然环境的制约。

特色农业

特色农业是将区域内独特的农业资源转化为特色商品的现代农业。特色农业在本地市场上具有不可替代的地位，在外地市场上具有绝对优势，在国际市场上具有相对优势甚至绝对优势。

图 6-1　现代农业的方式

观光农业

观光农业又称旅游农业，是一种以农村为载体的新型生态旅游业。利用自然条件开辟旅游场所，招揽游客，以增加收入。除了游览风景外，还有狩猎、垂钓、采摘果实等农事活动，如农家乐就是旅游农业的代表。

订单农业

订单农业就是现代农业中与众筹类似的形式。是指农户根据本身或其所在的乡村组织同农产品的购买者签订订单，组织安排农产品生产的一种农业产销模式，这种方式让农业生产的风险大大降低。

图 6-1　现代农业的方式（续）

6.1.2　农业众筹概念确定

要让农产品进入众筹，首先同样需要确定农产品的概念，在对农业产品进行定位时，一般需要完成如图 6-2 所示的几点内容。

市场调查： 首先需要考察目前市场最受欢迎及最空缺的农业服务，通过分析找出要进行的农业项目。

方向确定： 根据自己拥有的农业条件，确定自己是要进行养殖种植类的农业，还是进行旅游等服务类的农业项目。

项目考察： 对确定的项目进行详细的立项考察，包括用地情况、资金情况、生产流程、产品包装等内容。

销售定位： 与科技产品不同，农产品有地域与时间的限制，因此在立项时要充分考虑其限制条件，确定销售的市场与销售周期。

图 6-2　农产品项目概念构思

下面就来了解一个农业产品的概念立项构思案例。

库尔勒市是新疆巴音郭楞蒙古自治州的首府。"库尔勒"维吾尔语意为"眺望"，因盛产驰名中外的"库尔勒香梨"，又称"梨城"。属暖温带大陆性干旱气候，总日照数 2 990 小时，无霜期平均 210 天，年平均气温 11.4℃，最低为 −28℃。为库尔勒香梨的成长提供了优质的环境。由于温差较大，虫卵无法存活,果农们根本不用考虑虫害问题,所以农产品绿色有机纯天然是理所应当的。

香梨多为河南、河北,新疆阿克苏、喀什等地方生产,但都冠以库尔勒香梨的名字,基本分不清真假,无从辨别。为了让大家吃到正宗的库尔勒香梨,我们开始做库尔勒香梨生产、销售、物流一条龙服务。

我们与有责任心的水果供应商及果园合作,研究新疆鲜果的储存与保鲜,争取把当季最有特色的、最正宗的新疆水果从田间直接传递到消费者的手中。真正从源头上把握产品的品质,让客户吃到真正健康有营养的食品。

东部北京、山东、上海、广东等19个省市在人才、技术、管理、资金等方面对新疆相应的区县予以重点援助,支持新疆特色优势产业发展。

生产出香梨后,市场定位可以是以家庭为单位的购买力量,价格定位为 1箱(12斤)158元。

农产品不会像科技产品那样拥有复杂的立项流程,在初期概念确定时,就可以将该农产品的相关图片、报告或选址情况进行展示,如图 6-3 所示。

图 6-3　库尔勒香梨立项图片

农产品的创新升级

农产品在创新升级上不像科技产品那样明显,不会出现明确的更新换代。一般农产品的创新体现在新作物的出现(如嫁接产品等)、新销售方式(如自行采摘等)、新旅游地(如重新装修建设的农家乐等)以及新出现的创意包装等。

6.1.3　种植类农业众筹

农业产品中最重要的就是种植产业,它是人们利用植物的生活机能,通过人工培育以取得粮食、副食品、饲料和工业原料,内容包括各种农作物、林木、果树、药用与观赏等植物的栽培,具体有粮食作物、经济作物、蔬菜作物、绿肥作物、饲料作物、牧草、花卉等园艺作物。

如果要让一个种植产物成为众筹项目，就需要我们做如图 6-4 所示的包装。

类似果蔬类产品如果通过网络进行售卖，会有非常多的限制，因此它不像科技类产品一样随处可见。因此必须给种植类产品确定一个非常有创意的概念，如"生态健康苹果"等。

种植类产品不像科技产品可以反复研制，它一旦失败就会造成大片的损失，因此需要严格控制种植的流程，如选址、选种、种植技巧、运输等都应该由专业人员操作。

农作物生产出来后，就需要考虑投放市场，一般种植产品不会只投放到众筹平台进行销售，需要根据当年该类产品的市场行情来确定众筹平台上的价格。

图 6-4　种植类产品成为众筹项目的要点

由上可知，如今只有以现代农业为特色才可以在众筹领域立足，下面将以生产有机蔬果为例，来看看整个生产过程我们需做那些事情。

种植有机蔬菜，必须是一个完整且系统的流程，具体内容如图 6-15 所示。

种植项目总论，内容包括项目概况、可行性研究等。

充分研究种植项目的建设背景、建设必要性与建设可行性。

进行种植项目产品市场分析，内容包括产品市场调查与市场预测。

种植项目产品规划方案，内容包括产能规划方案、产能工艺方案与营销方案。

种植项目建设用地与土建总规划，包括选址、审批、建设、运输、规划等。

种植项目环保、节能与劳动安全是种植有机蔬菜最重要的组成部分，需着重考虑。

种植项目组织计划与人员安排，让专业的科研人员帮助种植。

图 6-5　有机蔬果的众筹流程

种植项目的实施，内容包括各个步骤的安排、进度规划及费用规划。

进行充分的财务管理，包括资金筹措、营运资金、利润及税务等。

图 6-5 有机蔬果的众筹流程（续）

有机蔬果生产过程中不使用化学合成农药、化肥、除草剂和生长调节剂等化学物质，同时采取一系列可持续发展的农业技术来进行种植，因此在每个环节都需要加倍注意。相关案例如下。

金红有机苹果生产。

- **种植范围：**适用于中国北方大部分地区。

- **品种特性：**金红，别名吉红、公主岭 123，由吉林农业科学研究所育成，抗寒力较强，可北果南运，销往外省，缓解苹果淡季市场，是实现高效农业的一条有效途径。

- **栽培技术：**挖圆坑，直径 1 米，深 1 米，也可以挖成深宽各 1 米的深沟，把上层熟土拌粪肥回填，农家肥每坑 20～30 公斤加磷酸二铵 0.1～0.2 公斤，沙质坑要掺黏土，土壤黏重的要掺沙土。园址选择交通方便，气候良好，背风向阳，土层深厚，地下水位控制在 80 厘米以下，排水良好，盐碱程度较轻的土地。

- **种植技术：**种植前先剪掉苗木的伤根与过长的主根，将苗木在水中浸泡 24～48 小时，取出用 4~5 波美度石硫合剂或 1：1：100 的波尔多液浸苗消毒 10～20 分钟，然后用清水冲洗干净，蘸生根粉打泥浆后送往田间定植。在这个过程中还有苗木选择、定植密度、虫草去除、授粉等技术需要注意。

有机蔬果与众筹

有机蔬果与众筹是最好的营销组合，如果有机蔬果采用传统的销售渠道，则会在很大程度上失去"生态"、"健康"的概念。

在众筹网上，通过项目保障，让有机蔬果更具有价值。

6.1.4 养殖类农业众筹

养殖产业虽然是农业中重要的一类，但因为养殖业的产物多为活物，因此很难成为众筹产品。如今人们通过生态养殖，实现养殖产物的健康无公害，让更多的人可以通过众筹直接参与生态养殖。

所谓生态养殖，是指利用无污染的水域，如湖泊、水库、江河及天然饵料，或者运用生态技术措施，改善养殖水质和生态环境，按照特定的养殖模式进行种植、养殖，投放无公害饲料，不进行施肥、洒药，目标是生产出无公害绿色食品与有机食品。

生态养殖行业要成为众筹产品，一般需要符合如图 6-6 所示几点要求。

项目包装
与种植业一样，养殖业要成功众筹也需要较为丰富的包装，如果没有吸引人的概念，很容易就会被人们认为是团购。养殖类项目的包装一般可以是"生态猪肉"、"无污染鸡蛋"等概念。

回报多样
我们不可能将一只活鸡活鸭作为回报快递给项目支持者 养殖众筹需要的是回报的多样性，如将肉类产品做成罐头或进行真空包装，另外也可以开展如"参观生态养殖"等线下回报活动。

风险揭示
养殖众筹可能会面临很大的风险。在进行项目发起与支持的时候，一定要充考虑失败后带来的损失，另外，生态养殖产物与普通产物很难被区分，这需要项目支持者格外注意。

图 6-6　养殖产业的众筹要点

现代的生态养殖与传统的一家一户散养、工厂化养殖是有所区别的，它既有散养品质好的特点，也有集约化饲养量大的特点，要想搞好生态养殖，可注意以下几方面。

● 合适的自然生态环境是进行现代生态养殖的基础，没有合适的自然生态环境，生态养殖注定会失败。

● 进行生态养殖，不仅需要在饲料上取材于大自然，同时需要使用配合科学的饲料方案。

- 生态养殖必须及时清理畜禽粪便，减少环境污染，保证养殖环境的卫生与安全。

- 生态养殖的周边环境必须有较多的绿色植物，同时以畜禽可以直接使用的植物为主。

- 做好防疫工作在生态养殖中显得尤为重要，防疫应根据当地疫情情况制定正确的免疫程序，降低养殖风险。

- 建立生态养殖品牌，提高饲养者生态养殖的知名度，做好生态养殖宣传工作，是生态养殖一项非常重要的工作，同时也是让生态养殖产物成为众筹项目关键的一步。

下面就来看一个生态养殖的案例。

定安黑猪是由定安本地母猪与杜洛克公猪进行杂交而来的一代，主要分布于海南省定安县龙门镇、雷鸣镇、黄竹镇、岭口镇、龙湖镇、新竹镇、富文镇等，其肉质鲜美，品质上乘，备受饲养者与消费者青睐。近年来，定安黑猪饲养量正在大幅增加，市场占有率不断上升。

黑猪及黑猪肉如图 6-7 所示。

图 6-7 黑猪及黑猪肉

为了完成定安黑猪的生态养殖，项目发起者做了如图 6-8 所示的工作。

养殖项目背景及必要性分析，包括产品背景与国家扶持政策等。

养殖项目市场分析与预测，包括市场现状调查与市场未来预测。

养殖项目建设规模与产品方案，包括建设规模、产品方案与产值预测。

养殖项目选址及建设条件，内容包括养殖项目选址、建设条件分析及材料供应。

充分研究技术方案、设备方案与工程方案，配套设施需要完全达标。

图 6-8 黑猪养殖要做的事情

对生产运输与公用辅助工程的设计以及对环境影响的考察。

养殖项目劳动安全卫生及消防也是非常重要的，它是保证项目成功的必要保障。

组织机构与人力资源配置，养殖行业不仅需要科技人员，更需要饲养人员。

进行充分的财务计算与利润预估，大型项目可进行招标等活动。

图 6-8   黑猪养殖要做的事情（续）

6.1.5   旅游农业众筹

前面所介绍的都是实物类回报的农业众筹产品，而在农业众筹中还有很多服务类的项目，农家乐就是其中的典型。

农家乐是新兴的旅游休闲形式，是农民向城市现代人提供的一种回归自然，获得身心放松、愉悦精神的休闲旅游方式。在众筹中，人们通过支持农家乐的发展，可获得该农家乐的服务或股份。

什么是生态农庄

生态农庄是农家乐的升级版本，是比农家乐更加大型、更加全面、服务更加人性化的现代化农业旅游项目。

生态农庄以绿色、生态、环保为目标，以资源有效利用为载体，以科技创新为支撑，以市场化运作为手段，集农业生产深加工与观光旅游为一体的规模集约化农业公司。

一个农家乐产业如果要成为众筹项目，一般有如下所示的回报。

- **酒店住宿**：农家乐项目最常见的回报方式就是酒店住宿，只需进行项目支持，就可以获得相应的农家乐住宿。

- **餐饮**：餐饮同样是农家乐众筹的典型，支持该项目，可以获得在农家乐内的就餐回报。

- **实物**：食品回报与种植、养殖类众筹类似，是通过项目支持，获得农家乐内相应的实物回报，如蔬果、畜禽、纪念品等。

- **蔬果采摘**：蔬果采摘是生态农业较为新颖的方式，通过项目的支持，可到农田内进行蔬果的自行采摘，甚至可以进行 DIY 耕种。

- **畜禽养殖**：畜禽养殖是指项目支持者在支持项目之后，可在农家乐内认领马、羊等较为大型的畜禽。

- **娱乐项目**：通过项目支持，可进行垂钓、户外烧烤等户外的娱乐项目。

- **门票**：对于一些较为大型的农家乐产业，进行这类项目支持可获得周边景区的门票，价格更为便宜。

- **债权、股权**：这是农家乐建设的筹资行为，可获得农家乐经营中的利润分红或会籍参与。

下面来看一个农家乐项目的建设案例。

鄂东南××农家乐湖庄位于阳新县城东南部的特产良种场境内。东面与正在规划设计中的葫芦岛隔湖相望；南面与清朝嘉庆年间建造的文峰塔近在咫尺；西面与阳新城关毗邻，碧波荡漾的大泉湖、竹林塘宛如两条绸缎联结其中；北面与属长江中下游柑橘带的果树示范场接壤，千年原始树林郁郁葱葱。

总体规划以人与自然的和谐为宗旨，树立科学的发展观，处处体现一个"农"字。结合地形因地制宜、依山就势。主要造型简洁、大方；外观装饰朴实、明快，充分利用地方材料，建造一个风格高雅、韵味独特，集旅游观光、休闲垂钓、健身娱乐于一体的农家湖庄。

具体有如图 6-9 所示的设计效果图。

图 6-9　农家乐设计图

在交通方面，结合当地地形，沿弯曲湖岸，设计成一条贯通式环岛路；通向宅院则是自由式和枝状式的道路相结合，并在低洼平整地带设停车场。

同时，还配合有如下的相关设施。

大门门楼改造成有飞檐门楼并点缀大红福字，配有成串的玉米和红辣椒，门口摆放大型广告牌并安装 LED 桃树创造幽静的环境。

花坛处设置小圆桌，游客有种回归大自然的感觉，闹中取静悠闲自得，游客可以在此打牌、喝茶、聊天。

北边两间大房内设包间 4 个，大厅两个；北墙开门一处通往北边空地。南边以及所有 2 楼房间改建为客房 10 间。

内部水系安排布局，大小两个鱼池可以供游客垂钓，两个鱼池用水沟连接成为独立的垂钓水系。

林地改造方案，在有树林地方成立散养家禽与藤蔓蔬菜基地；在大棚区与林区相连处设置自助烧烤区。

6.2 农业产品的众筹上线

农业众筹不仅可以在综合平台上线，而且也可以在专门的农业垂直平台上线，下面就来了解一下不同的农业产品如何进行众筹的包装上线。

6.2.1 实物类农业众筹上线

实物类农业众筹既有种植业产品，也有养殖业产品，同时还有许多手工业产品也是农业众筹项目。

（1）众筹名称确定

实物类农业众筹项目的名称首先要体现该产品的名称，同时加上"原生态"、"有机"等字样会更加吸引参与者。

贡果美誉，三峡齐名——奉节脐橙，为原生态农产品献身第一站。

（2）发布者情况介绍

发布者情况对实物类农业众筹介绍同样非常重要，一般需要对项目发起人与项目产地进行简单介绍。

我们有一个理想，拥有一片自己的果园，还城市一个健康的形态，只为活得漂亮，我们励志成为一名合格的私人水果管家，将最淳朴、最原生态的新鲜水果配送上门，我们不生产水果，我们只是个大地的守护者——口口果园。

我们尝试 O2C "产地直供"，寻找原生态的水果基地，搭建电子商务平台，您先下单，我们再采摘、发货，从地里到手里，运输时间短，过程透明，品质才能可控。

（3）项目包装

实物类农业产品的众筹包装需要重点体现该产品的生态价值、健康价值，采用文字、图片、视频等形式充分列举，同时还需要对项目的种植（养殖）方式、生产地等内容进行介绍。

重庆奉节，地处大巴山南麓，四川盆地东侧，南临湖北恩施土家族自治区，东有三峡，长江自西向东横穿境内，山高水深，工业较少，自然环境优良。奉节脐橙，与三峡齐名，奉节脐橙栽培始于汉代，是世界著名的柑橘老产区。

"口口果园"选择了奉节核心产区草堂镇，并将"奉节县草堂脐橙种植专业合作社"纳为我们的供货基地。这里海拔均在 500 米以下，脐橙生长条件优良，口感上乘，声誉广为流传。我们选择了直径 75～85mm 的精品果径，果皮厚薄适中，果肉酸甜适度。

图片展示如图 6-10 所示。

图 6-10　口口果园奉节脐橙众筹包装

（4）风险与限制

实物农业众筹最大的风险就是种植失败，同时因为实物农产品的运输、保存可能出现失误，因此在众筹项目上必须标明其风险与限制。一般常出现的风险与限制如图 6-11 所示。

> 农业产品种植或养殖失败，无法顺利履行众筹回报。

> 因为政策或市场等原因，该产品在履行回报时价格上涨或下跌过快。

> 因为产品本身的属性、保质期等特性，无法进行快递，需要支持者亲自领取。

图 6-11　实物农业众筹的风险与限制

因为运费或产地偏远的原因，只对当地或部分地区进行该项目筹资支持。

农业产品没有标准的数据参考，每个人拿到的回报可能有所不同。

图 6-11　实物农业众筹的风险与限制（续）

脐橙属于新鲜农产品，如不用防腐剂，常温存储时间在 15～20 天，但不排除运输环境、南方气温变化等因素影响，导致个别脐橙出现黑斑的情况，请收到脐橙后用冰箱冷藏。

重庆奉节地处大巴山区，山高路远，快递通往各地不确定因素较多，一般 3 天到达，但不排除超过 3 天的特殊情况，我们会选择优质快递，尽可能避免此类情况的发生。

考虑到运输条件等因素，本项目此次只针对北京、上海、广州、深圳、重庆、成都、合肥、贵阳、郑州、长沙、南京、西安、杭州 13 个城市。

我们选择了直径 75～85mm 之间的脐橙，虽然大小接近，但无法保证单个橙子重量一致，为摆放整齐美观，不会挤压加塞，每箱 30 个，目标重量 15 斤，可能有一定的出入。

（5）筹资目标与支持等级

实物农业众筹的筹资目标与科技产品不同，它必须要考虑到价格较低、产品生产周期等因素。

此项目必须在 2015 年 1 月 24 日前得到 30 000 元的支持才可成功。

实物农业众筹的支持等级主要是由产品的多少来确定的，同时也可以加入产品之外的纪念品、折扣卡、线下活动等回报。不同的人需要的产品数量是不同的，因此可细化多设计几个支持等级。

● **无私支持**：感谢您的无私奉献，您的这份捐赠将助我们的梦想飞得更高更远。

● **28 元**：获得由"酷帕"提供的纯棉手帕 1 块；获得我们筹备的电子商务平台 9.8 折会员资格，终身有效；有机会参加由我们组织的三峡脐橙产区生态旅游团。

● **98 元**：获得由我们提供的"奉节脐橙"精品装 1 箱，每箱 30 个重 15

斤；获得由"酷帕"提供的纯棉手帕 1 块；获得我们筹备的电子商务平台 9.8 折会员资格，终身有效；有机会参加由我们组织的三峡脐橙产区生态旅游团。

● 468 元：获得由我们提供的"奉节脐橙"精品装 5 箱，每箱 30 个重 15 斤；获得由"酷帕"提供的纯棉手帕 5 块；获得我们筹备的电子商务平台 9.7 折会员资格，终身有效；有机会参加由我们组织的三峡脐橙产区生态旅游团。

● 2 648 元：获得由我们提供的"奉节脐橙"精品装 30 箱，每箱 30 个重 15 斤；获得由"酷帕"提供的纯棉手帕 30 块；获得我们筹备的电子商务平台 9.6 折会员资格，终身有效；有机会参加由我们组织的三峡脐橙产区生态旅游团。

6.2.2　服务类农业众筹上线

服务类农业众筹就是前面介绍的农家乐、生态农庄、生态养殖、生态众筹等内容，下面就来了解一下它的众筹上线。

(1) 众筹名称确定

服务类农业众筹的名称除了要体现生态、环保等主题外，还需要充分的展示个性化、自由自在等内容。

让你轻松在北京拥有一块自己的土地，做自己的地主。

(2) 发布者情况介绍

服务类众筹的项目发起者介绍尤为重要，实物众筹可能会跳过该步骤直接进入产品，而服务类众筹必须通过了解发布者进入项目。

舍客人是一个不大不小的群体,群体充斥着80后的活跃气息,我们不怕苦,不怕累，进取拼搏的精神常在心中。

客舍人是新时代的新农人，我是"地主"，我有100多亩的生态园，整齐的坐落在山清水秀的大密云。离北京近，但空气好，覆盖率达 62.3%的林木是天然的过滤器，水体质量常年保持在国家二级标准以上，湿润指数和水体密度居全市之首。

客舍人一直秉持着"专注原生态"的健康理念，坚持科学＋生态的种植方法，把最有营养健康的"大地礼物"带给大家。

（3）项目包装

服务类众筹的项目主要需要体现两点内容，一是通过图片展示项目本身的特点；二是通过文字表达可获得的服务，具体如下。

健康的东西，健康的生活方式，健康人人都喜欢，舍客南山生态园开园后迎来了第一批"地主"。辛勤的"地主"们忙于自己的耕种，不辞辛苦，乐在其中。

南山有机农场主要是为大家提供一个全新的有机生活体验平台。客户以会员制形式领养南山农场土地，农场负责按照有机种植方式生产有机果蔬，把最健康、最安全、最放心的蔬菜为客户直接新鲜配送到家。

所有的种植项目全部人工除草，物理方法和生物制剂驱虫防病。我们的每一棵蔬菜都是绝对无农药、无化肥、无除草剂、无生长激素、非转基因的蔬菜。我们提供的不仅仅是蔬菜，而是对客户健康的保证，这是我们对客户和对社会的一种责任。

权益保障

　　服务类农业众筹项目的包装最好包含项目的相关责任条款，以保证各类后续服务的顺利进行。

　　如在上例中，项目支持者需要在支持后到农场参与种植活动，这就需要在项目包装时将地址、技术指导、后期托管、安全条款、附加收费项目等进行说明。

该项目有如图 6-12 所示的图片包装。

图 6-12　南山有机农场图片包装

（4）筹资目标与支持等级

服务农业众筹的筹资目标所受的限制不多，主要是根据相关场地的大小及接待能力来确定。

此项目必须在 2015 年 3 月 17 日前得到 70 000 元的支持才可成功。

从支持等级和回报来看，服务类农业众筹最需要地是详细列举每一个等级所能获得服务，否则很可能在后期实践中产生分歧。

● **无私支持**：感谢您的无私奉献，您的这份捐赠将助我们的梦想飞得更高更远。

● **1 元**：感谢您的支持，我们邀您加入我们的微信公众号"××××"，关注之后有好礼。

● **800 元**：自己耕种型（A），室外用地租期一年， 耕种时间 4 月～11 月；自己播种，自己管理，自己收获；菜地面积 12 平方米；农场提供各种耕种的农具、种子（常规种子、非转基因种子）、有机肥料及相关的技术指导；赠送舍客炫彩明信片 1 张；配送 10 斤应季鲜蔬+生态柴鸡蛋 20 枚+柴鸡一只；赠送 20 元采摘券一张。

● **2 400 元**：日光温室型（B），室内用地租期一年，耕种时间全年；室内用地，菜地面积 12 平方米；农场提供各种耕种的农具、种子（常规种子、非转基因种子）、有机肥料、相关的技术指导及托管服务；赠送 100 元采摘券一张；配送（10 斤应季鲜蔬+5 斤应季水果+生态柴鸡蛋 40 枚+柴鸡一只）×2；赠送舍客炫彩明信片 1 张。

● **6 000 元**：VIP 型，室内用地租期一年，耕种时间全年；菜地面积 60 平方米；农场提供各种耕种的农具、种子（常规种子、非转基因种子）、有机肥料、相关的技术指导及托管服务；赠送 100 元采摘券两张；（10 斤应季鲜蔬+10 斤应季水果+生态柴鸡蛋 40 枚+柴鸡一只）×3；赠送舍客炫彩明信片 1 张。

预约及使用限制

与团购一样，服务类农业项目在支持后，如果要享受其服务，需要通过电话进行预约，否则可能出现排队或无法参与的情况。

另外，服务类农业众筹还有天气、配套设施收费等限制。

6.2.3　农业众筹的回报

农业众筹项目在成功之后，就需要履行相关回报。作为项目的发起者，进行农业众筹的回报支付时有如图 6-13 所示需要注意的事项。

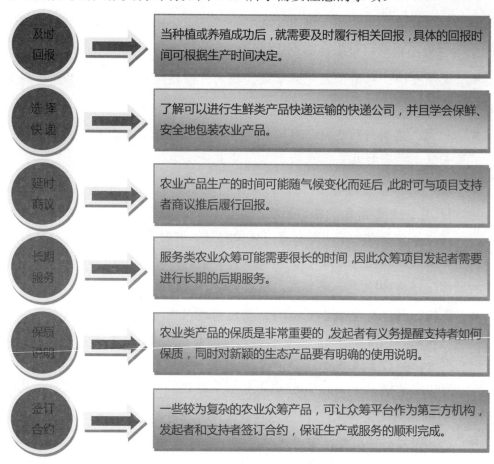

及时 回报	当种植或养殖成功后,就需要及时履行相关回报,具体的回报时间可根据生产时间决定。
选择 快递	了解可以进行生鲜类产品快递运输的快递公司,并且学会保鲜、安全地包装农业产品。
延时 商议	农业产品生产的时间可能随气候变化而延后,此时可与项目支持者商议推后履行回报。
长期 服务	服务类农业众筹可能需要很长的时间,因此众筹项目发起者需要进行长期的后期服务。
保质 说明	农业类产品的保质是非常重要的,发起者有义务提醒支持者如何保质,同时对新颖的生态产品要有明确的使用说明。
签订 合约	一些较为复杂的农业众筹产品,可让众筹平台作为第三方机构,发起者和支持者签订合约,保证生产或服务的顺利完成。

图 6-13 农业众筹的回报方法及要点

Part 07

电影、出版、演出类众筹流程

电影、出版、演出等文化项目也是众筹行业中比较热门的，这类众筹产品的价值可能不如科技产品及农业产品那么直接，但作为众筹，它不仅可以帮助发起者筹集资金，而且也可以让支持者参与其中。下面就来了解这些项目具体的流程。

◇ 电影众筹的设计与上线
◇ 图书出版众筹的设计与上线
◇ 演出众筹的设计与上线

7.1 电影众筹的设计与上线

一部电影的拍摄需经过筹划、筹资、创作、拍摄、后期制作等一系列的过程，其中众筹既是筹资的过程，也是营销的过程。

7.1.1 一部电影的拍摄程序

电影的拍摄是一项较为复杂的过程，要通过众筹来筹集拍摄电影的资金，就必须了解电影的详细拍摄流程。

（1）确定电影类型

电影的分类，从投资的资金量来看，可以分为高成本电影、小成本电影及微电影。而从影片的类型来看，可以分为历史片、警匪片、灾难片、动作片、恐怖惊悚片、爱情片、喜剧片、西部片、音乐歌舞片和动画片等。

我们要参与电影制作，在前期就必须确定自己所拍摄电影的类型，这样才能在众筹上线时有合理的规划。

（2）剧本确定

剧本是一部电影最关键的部分，一般是由专业的编剧创作而来，而电影剧本的来源一般有如图 7-1 所示的两种。

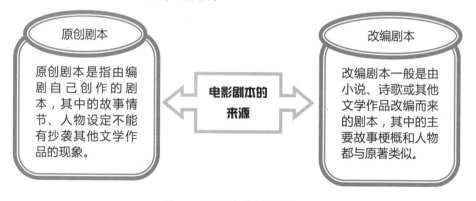

图 7-1　两种电影剧本的来源

一个电影剧本在创作过程中，一般会经历如下 3 个步骤。

● **剧本大纲**：剧本大纲是整个剧本的具体走势设计，其中包括的内容有时间设定、人物设定、故事梗概等。

● **文学剧本**：文学剧本就是正式开始创作的剧本，这是整个剧本创作最重要的部分，需要对每个人物的主要对话、主要动作、场景进行详细的描述。

● **分镜头剧本**：分镜头剧本一般是导演和编剧共同完成的，是将一个镜头中的所有场景进行描述，包括布景、动作、对白等。一般分镜头镜头中还会插入图片等加以解释。

（3）拍摄准备

电影的拍摄准备工作主要是从演职人员中来确定，一部大制作的电影可能需要成百上千的工作人员。而对于众筹领域较多的小成本电影来说，只需要一些必备的工作人员即可，具体如图 7-2 所示。

行政组

行政组是一个电影中非常关键的部分，它是由制片人（投资方）、会计、出纳、其他制品人、场务、剧务等组成的。

导演组

导演组是一部电影的灵魂，它是指导整个电影拍摄的工程师，具体由导演、副导演、群头导演、场记组成。

演员组

电影的演员也是非常重要的，根据电影成本的大小可分为男一号、男二号、女一号、女二号等，同时还有其他参与的群众演员。

摄像组

摄像负责的就是电影的取景与拍摄，主要构成人员有摄像师、副摄像师、摄像助理、摄像机械师等。

其他工作组

一部电影的拍摄还需要其他的工作部门，如道具组、灯光组、布景组、化妆组、录音组、音乐组等。

图 7-2　电影拍摄需要的必备部门

（4）正式拍摄

电影的正式拍摄是最耗时的程序，但如果各项工作都已经准备好，便只需按照剧本与拍摄流程逐一进行即可。

在拍摄的时候，一般是按照剧本进度进行。但因为电影故事与实际空间有所不同，时间顺序被打乱。因此需要将剧本中在一个场景拍摄的镜头集中在一起拍摄。

另外在拍摄的时候需要注意天气的变化，如白天和黑夜的镜头、晴天和雨天的镜头等，如果不能完成这些不可控因素的拍摄，就需要进行后期制作。

（5）电影后期制作

电影的后期制作也是非常重要的一环，它是电影从杂乱无章的镜头变成一部完整电影的过程，具体有如图 7-3 所示的内容。

冲印：专业摄像机拍摄是采用胶片形式，需要将其冲洗出来，普通 DV 只需将影片导入电脑即可。

剪接：把冲洗出来的胶片按照导演的意愿与剧本内容剪辑并连接。

套声：把前期拍摄时同期录下来的声音，按照画面的进度使声画同步。

配音：对前期需要修改的声音进行重新配置，如错误台词、音效等。

特效：制作电影中需要的特殊效果，大制作电影的特效是一项非常庞大的工程。

非线性剪辑：将所有编排好的镜头剪辑连接，形成最终的影片效果。

拷贝：复制电影备份，将其制作成放映带、光盘等。

图 7-3　电影后期制作的工作

7.1.2　电影如何成为众筹

前面的内容介绍了电影拍摄的流程，在这其中还有一项非常重要的步骤，这就是电影的筹资，通俗来说就是拉赞助。

大制作电影的筹资大多是通过广告赞助、风险投资的形式，而小团队拍摄的电影则可以通过众筹的方式筹资。

要让一部电影成为众筹的产品，需要从其回报方式来区分，一般一部众筹电影有如图 7-4 所示的回报方式。

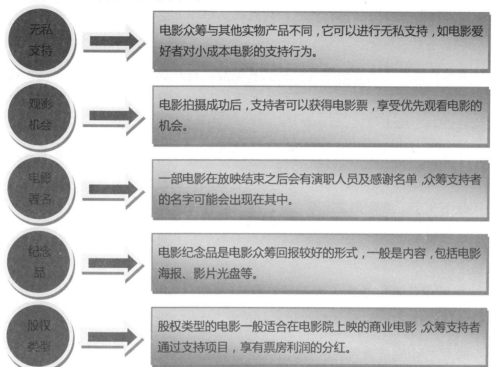

无私支持	电影众筹与其他实物产品不同，它可以进行无私支持，如电影爱好者对小成本电影的支持行为。
观影机会	电影拍摄成功后，支持者可以获得电影票，享受优先观看电影的机会。
电影署名	一部电影在放映结束之后会有演职人员及感谢名单，众筹支持者的名字可能会出现在其中。
纪念品	电影纪念品是电影众筹回报较好的形式，一般是内容，包括电影海报、影片光盘等。
股权类型	股权类型的电影一般适合在电影院上映的商业电影，众筹支持者通过支持项目，享有票房利润的分红。

图 7-4　电影众筹的回报方式

股权不参与电影决策

在第 3 章中我们介绍了股权众筹的股东无法参与项目的决策，这在电影众筹中体现得尤为明显。电影制片人作为投资方，有权决定演职人员，而众筹中的股东，则无法决定电影的相关人员。

7.1.3　电影众筹上线

如今国内还没有专门的电影众筹垂直平台，要进行电影众筹的上线，可以通过综合众筹平台。下面就来了解一下具体的流程。

(1) 众筹名称确定

电影众筹的名称可以不用突出太强烈的情感主题，只需将拍摄方与电影名称展示出来即可。

《午后的遇见》——哥伦比亚大学短片电影。

（2）发布者情况介绍

电影的发布情况一般指导演、演员及拍摄团队的介绍。较为专业的人员介绍会吸引更多的目光。

我叫隆×，是本片的导演，出生在天府之国成都。本科毕业于中南民族大学外语学院，硕士就读于北京大学艺术学院 MFA，现在哥伦比亚大学攻读电影制作的第二个硕士学位。

2012 年的夏天，我放弃了自己在北京七年的工作，带上所有的积蓄和三个行李箱，踏上了美国的土地，开始追寻电影梦想的新征程。

这个片子是哥伦比亚大学 MFA 电影制作专业第一年的暑假短片，因为自己不能拍摄自己写的剧本，因此我选了一个充满温情的剧本来挑战自己。

影片在拍摄时，有如下的参与人员。

导演/制作人：隆强（哥伦比亚大学电影制作 MFA）。

编剧：Jasna Palada（意大利籍美国人，哥伦比亚大学电影制作 MFA）。

摄影：Ming（美国，纽约大学艺术学院）。

录音：何×（纽约城市大学电影制作 MFA）。

美术：Alexandra（美国，纽约大学艺术学院）。

灯光：礼××（Savannah College of Art and Design，电影摄影 MFA）。

（3）项目包装

电影的项目包装比较简单，主要就是对电影故事梗概的介绍、主要演员介绍、电影海报、拍摄进程展示等。

这是一个发生在美国的温暖的故事。片子的英文名叫《The Better Half》，我取了一个更贴切的中文名《午后的遇见》。故事讲的是一个年轻妈妈克莱尔带着孩子刚刚搬到了纽约郊外一个宁静的小镇，在一个温暖的晚春的午后，在 Houston 火车站的咖啡馆一次温馨的遇见的故事

女一号：克莱尔，演员 Jennifer Parker（美国演员工会演员）

男一号：弗朗西斯科，演员 Pascal Yen-Pfister（法国资深演员）

在这个众筹项目的包装中，有如图 7-5 所示的图片展示。

图 7-5   电影《午后的遇见》拍摄图片

如果电影拍摄了一些场景，可通过视频的形式展示出来，让更多的支持者看到项目的潜力，具体如图 7-6 所示。

图 7-6   电影《午后的遇见》片段

（4）拍摄进度及资金用途

如该例子中的电影众筹，更多的是希望得到大家的支持，因此简单介绍影片的拍摄及资金的用途，可以让项目公开透明，获得更多的支持。

《午后的遇见》已于 2013 年夏天完成了前期拍摄。在前期已经耗费 4 000 多美金的情况下，影片仍需要一部分资金完成后期制作，全部的成本为 5 000 美金，约合人民币 3 万多元。

这次筹资的主要用途是购买后期制作的道具、宣传海报制作等，每一样东西都是那么的来之不易，所以我格外懂得珍惜。

（5）筹资目标与支持等级

电影众筹的目标设定没有太多的限制，根据所拍实际需求设计即可。

此项目必须在 2015 年 5 月 13 日前得到 30 000 元的支持才可成功。

此外有如下的支持回报等级。

- **无私支持**：感谢您的无私奉献，您的这份捐赠将助我们的梦想飞得更高更远。

- **20 元**：高清全片第一时间在线加密观看；字幕感谢，在片尾字幕的感谢名单里出现您的名字；影片精美海报与剧照的电子文档。

- **100 元**：高清全片第一时间在线加密观看；片尾字幕感谢，在字幕的感谢名单里出现您的名字；影片精美海报、剧照电子文档；本片DVD精美光盘（包邮）+导演及主创团队签名。

- **5 000 元**：享有本片联合制作人头衔，并将您的名字印刷在海报和DVD光盘上；哥伦比亚大学精美纪念品；本片将在片头和片尾字幕的联合制作人名单里打上您的名字 ；影片精美海报、剧照电子文档；本片DVD精美光盘（包邮）+导演及主创团队签名 ；本片海报印刷版（包邮）+导演及主创团队签名。

电影娱乐宝

在电影众筹中，有一种比较新颖的投资方式——娱乐宝。

娱乐宝是由阿里巴巴联合金融机构打造的增值服务平台，用户在该平台购买理财产品即有机会享有娱乐权益。网民出资100元即可投资热门影视剧作品，预期年化收益7%，并有机会享受剧组探班、明星见面会等娱乐权益。

这种投资的方式实际就是股权电影众筹的包装。

7.2 图书出版众筹的设计与上线

图书出版是存在时间较长的一个行业，但随着互联网阅读的发展，出版行业面临着巨大的挑战，而众筹的出现，有可能是转变图书出版现状的好办法。

7.2.1 一部图书出版的流程

和电影一样，要了解出版众筹，首先就要认识图书出版的流程。

要出版一本书，从选题、组稿、编著或翻译、编辑审读、加工到出版发行，要经过一系列的环节与手续，具体如下。

(1) 选题

出版的选题和产品的立项类似，是确定一本书写作方向的重要工作。

图书编辑通过对市场的调研,提出出版内容的选题,该选题经过责任编辑、编辑主任、出版社社长和总编辑的三级审批后，最终由出版社选题审核委员会审批通过，同时报省一级新闻出版广电局批准。

其中，图书编辑在调查一本书是否有市场价值时，有如图7-7所示的内容。

> 输出地读者调查：了解图书销售地域的读者需求，做到有的放矢。

> 版权资源调查：盘点库存，查看现有的图书版权中有哪些可以进行再创作与销售。

> 传播途径调查：了解当前的最新销售渠道，如实体书店、网络书店等。

> 版权购买机构调查：对于潜在的版权购买者进行调查研究，确定最合适的买家。

> 图书制作流程：对创作、翻译、排版、印刷等流程的调查，保证图书顺利完成。

图 7-7　图书市场调查内容

（2）选题报批

省一级新闻出版广电局依据国家《出版管理条例》等相关法律法规的规定，对出版图书选题内容进行审批，确保有关选题符合国家有关规定，并报国家新闻出版广电总局备案。

（3）组稿、编辑

报批选题通过之后，即可以进入正式的编辑阶段。出版社出版图书，一般是通过与作者签约的形式进行，具体有如图7-8所示的流程。

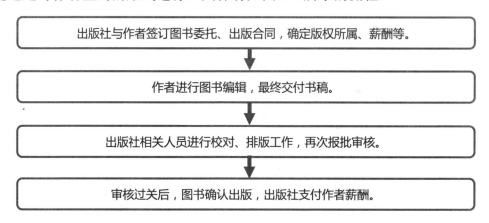

图 7-8　图书创作流程

出版社支付作者酬劳的方式有3种，分别是基本稿酬＋印数稿酬、版税和一次性付酬。

（4）审稿、申报书号

审稿是编辑工作的重要组成部分。审稿实行三审制，对稿件进行三个级别的审查，分别是责编初审、编辑室主任复审和社长（总编辑）终审。

三次审核后，书稿按齐、清、定的原则，发送出版社的出版生产部门，进入生产流程。

什么是书号

书号是图书出版审核的重要内容。一般出版社总编室负责向出版业务部申请分配书号与条码，并向新闻出版广电总局信息中心申请 CIP 数据，该数据规定了图书在版编目数据的内容、选取规则及印刷格式，包括书名、作者、出版社、版本、印张等。

（5）确定印数和价格

在最终确定出版之后，不能急于印刷，还需要进行印刷数量及图书价格的调查与确定程序。

图书定价和印数由出版社根据市场调研的情况分析确定。定价主要参考因素是成本、图书印数、同类书市场价格及该书目标读者群的消费能力。

图书的印刷数量一般有 4 个档次，分别为 3 000～4 000 册、4 000～8 000 册、8 000～10 000 册及 10 000 册以上。

（6）最终排版和印刷

在图书编辑时有一次排版的过程，但在印刷时，还需要进行排版。图书出版具体的印刷流程如图 7-9 所示。

出版社业务部门联系外部机构完成图示的封面设计。

↓

将达到印制标准的书稿发送到印刷厂，进行排版及制作清样。

↓

清样完成后，送出版社出版部门进行校对，如此反复三次。

↓

最终交社长或总编辑签批，返回印刷企业，进行印制、装订。

图 7-9　图书印刷流程

7.2.2　图书出版如何成为众筹

图书出版的众筹方式和其他垂直众筹有所不同，它有资金支持与创作支持两种方式，具体如图 7-10 所示。

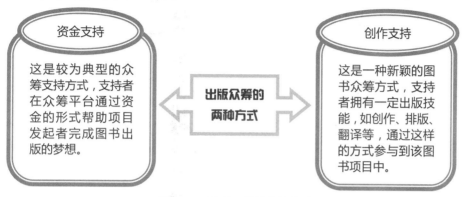

图 7-10　图书出版的支持方式

要让图书出版成为众筹产品，其方式与其他实物众筹类似。同时，出版众筹可以为图书出版带来如图 7-11 所示的好处。

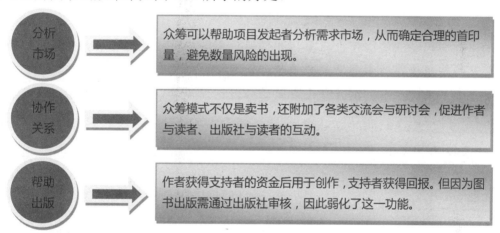

图 7-11　图书众筹的好处

7.2.3　图书出版的众筹上线

图书出版众筹的上线同样需要经过立项、包装、支持等级设计等一系列的流程，下面就来了解一下具体的方法。

(1) 众筹名称确定

图书出版众筹的项目名称一般以突出图书的特点为标准，可以一句话介绍该书是一本什么样的书籍。

《千里》全球首部旅行体验和众人起笔完成的书籍。

（2）发布者情况介绍

发布者的情况对图书出版众筹是比较重要的，其主要内容是作者的个人介绍、图书立项（包括选题、市场定位等）情况，同时也可以简单的介绍该图书的主要内容。

我是王××，来自山西太原的一个普通人，一次午餐时与女友的对话，从此改变了我们，我们有了一个新的梦想——自驾环游中国边境线。

将近 2 年的时间，我们一直在为这件事做着准备。其间，我们不断地遭受打击，不断地又重新站起来继续为梦行动。终于，我们的坚持看到了最终的效果，在 2014 年 9 月 3 日那天，我们在众人的目光中出行，从山西太原开始我们的万里圆梦之路。

如今，我们的行程还没有走完，但是感慨万千，每天都在记录游记的我们希望可以成书来让更多的人从我们的故事中看到自己的经历，更希望能借我们的故事，成就您自己的愿望。

我们想要做的事情很简单，即借助大家的力量成就这本书。并且，可以将大家的梦想储存到本书的"梦想银行"之中，到达自己承诺的期限之后，从书架上拿下来这本书，翻开自己书写的那段话，不单是回忆，更是激励自己完成梦想的期许。

（3）项目包装

图书出版众筹项目包装一般有两类型的内容，一是创作过程中与图书有关的图片、文字，如下所示。

梦想银行的存在不是偶然的臆想，是每一个人的愿望。去完成第一步，大胆地说出你的梦，然后再尽己所能去实现。那么，每个人都是梦想家。去完成我们共同的梦想——将自己书写的语言，成为本书的一部分。

二是直接引用图书中的文字内容，如下所示。

2014 年 10 月 12 日，行驶 700 多公里在世界最高海拔的公路上看到的一切。眼前出现的都是一幅幅震撼人心的画面。这里荒无人烟，能静静的与自己在一起，耳边只有风声在响。在一个几乎没有人类活动的地方，似乎能看到地球最原本的样貌，我们在城市中长大，降生之后看到的是满眼钢筋混凝土的森林，而到这里才看到那远古的一切。对于净土，除了多加保护之外我们别无他法，人类为了经济利益已经向自然索取了太多太多，能回馈自然的微乎其微。我只是希望，站在这里，请忘掉金钱和欲望，对于过往可以静静的想一想，我们还能做什么，否则眼前的这一切只能从历史中看到了……

如果图书中有相关的图片，也可以展示出来，具体如图 7-12 所示。

图 7-12　图书《千里》中的图片

（4）互动参与

图书出版的变化非常强大，它不像科技类产品，只能按照一定的标准进行生产，也不像农业产品，只能单一的种植生产。图书出版的风险不会太大，可以与参与者进行互动，一起创作图书。

在该案例中，发布者与参与者有如下的互动方式。

● 书籍样式暂定，如果可行，会列举出 3 个封面版本供大家评选。

● 所附赠明信片都是我们精心拍摄的图片，画面非常震撼。

● 您可以从我们的故事中学习借鉴，并且书写自己的梦想，优秀的文字图片都可以写进书中。

（5）筹资目标与支持等级

图书出版的可变性非常强，而且也不需要较多资金的项目，也没有人愿意同时买几本书，因此如果设置较高的筹资目标，可能会很难完成筹资。

此项目必须在 2015 年 2 月 27 日前得到 10 000 元的支持才可成功。

图书出版众筹的支持等级区别不大，在该例中有如下的一些。

● **无私支持**：感谢您的无私奉献，您的这份捐赠将助我们的梦想飞得更高更远。

- **38 元**：您将获得价值 45 元的《千里》书籍 1 本。

- **66 元**：您将获得价值 45 元的《千里》书籍 2 本；您可以将自己的梦想宣言写在本众筹页面的评论中，我们整理之后会编辑到本书"梦想银行"板块下（限 100 字以内的梦想宣言 1 条）。

- **330 元**：您将获得价值 45 元的《千里》书籍 10 本；您可以将自己的梦想宣言写在本众筹页面的评论中（限 100 字以内的梦想宣言 3 条）；您将获得我们精心准备的 5 套明信片中的其中 2 套（20 张）。

- **1 650 元**：您将获得价值 45 元的《千里》书籍 50 本；您可以将自己的梦想宣言写在本众筹页面的评论中（限 100 字以内的梦想宣言 5 条）；您将获得我们精心准备的 5 套明信片（50 张）；您将获得我们精心剪辑的电子相册视频光盘 1 张；您将获得我们出行以来所拍摄所有视频素材（大约 3 000G），剪辑成的《千里》纪录片的宣传片光盘 1 张。

7.2.4　图书出版众筹的回报

图书出版众筹回报方式较为多样，不仅有实物书籍，而且还有参与图书创作的感受，具体内容如图 7-13 所示。

出版书籍

图书出版最直接的回报就是获得所支持的书籍，根据支持等级的不同，可获得的数量是不同的，普通阅读者只需选择最低等级的支持即可。

周边商品

通过众筹上市的图书，可以开发很多周边商品，如明信片、视频光盘等，具体的内容根据图书的类型来设计。

互动创作

图书出版比较新颖的众筹方式就是参与创作，在回报时，参与的方式有图书内容创作、图书版式确定、封面设计等。

署名权

进行了较高等级支持的人，可以获得在图书上署名的回报，满足一些投资人"出书"的愿望。

图 7-13　图书出版众筹的回报

7.3 演出众筹的设计与上线

各类商业演出如今也通过众筹的方式进行筹资与售票，然而演出与实物产品有所不同，它的流动性非常大，因此在众筹时有格外需要注意的事项。

7.3.1 一次商业演出的流程

一次商业演出所要经历的程序可能比生产一个产品、出版一本书更加复杂，要让演出成为众筹，就必须搞清楚每一步的细节。

(1) 项目确定

一个商业演出的项目确定是比较明确的，因为只有获得了某项演出资源，才可能进行商业演出，常见的演出类别如图 7-14 所示。

> **各类演出**：商业演出的种类很多，如歌舞演出、话剧演出、相声小品演出等。

> **文艺庆典**：庆典除了演出之外，还有各类讲话、抽奖流程，如开业庆典、周年庆典等。

> **会议仪式**：大型的会议活动，如辩论大会等，可通过众筹方式进行筹资。

> **商业展览**：商业展览是众筹比较热门的项目之一，如字画展览、工艺品展览等。

> **互动活动**：互动参与类活动同样可以进行众筹，如亲子游戏、相亲活动等。

图 7-14　常见的商业演出种类

(2) 成本预算

成本预算是商业演出中比较重要的一环，如果任何一个流程的资金不到位，就有可能影响整个演出的进程。

控制一个商业演出的费用，主要需要考虑如下的成本。

- **舞台费用**：舞台是演出的基础设施，是首先需要考虑的内容，主要包括场地租赁、舞台搭建等费用。

- **演职人员经费**：演职人员的费用也是重头支出之一，其中包括演员的演出费用，各类舞美师、灯光师、音响师、音乐演奏、化妆师、摄影师的酬劳。

- **设备费用**：硬件设备也非常重要，主要包括灯光、音响、服装、道具等内容。

- **税务费用**：一次大型商业演出需要缴纳一定的税费，具体的标准需要根据演出地具体政策而定。

- **其他费用**：根据演出大小及合约规定确定其他费用的多少，内容有住宿、餐饮、交通、演出红包等费用。

（3）相关手续办理

与电影、图书出版一样，一次商业演出同样需要办理很多法律手续，具体的内容如图 7-15 所示。

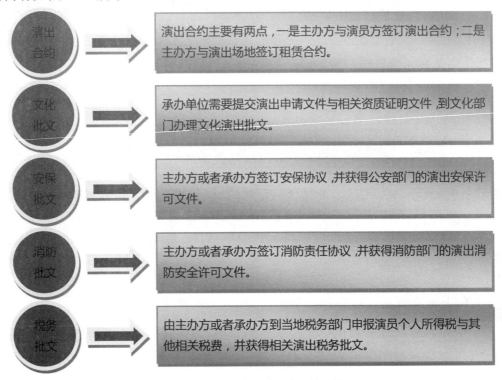

图 7-15　商业演出需要办理的手续

（4）正式演出的正式流程

在已经确定项目并获得了演出资质之后，就要正式进入演出的筹备工作，整个过程主要包括 3 部分内容，分别为前期准备、正式演出和后期结算，具体的流程如图 7-16 所示。

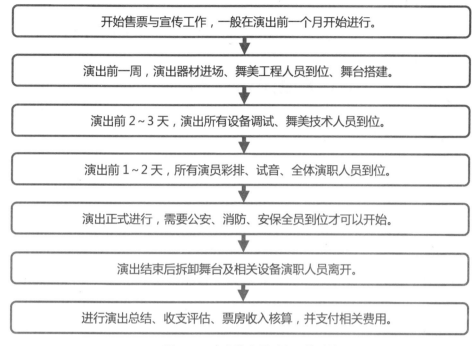

图 7-16　商业演出需要办理的手续

7.3.2　商业演出如何成为众筹

商业演出如今在众筹领域已经有比较大的市场份额，无论是歌舞明星的商业演出，还是普通大众发起的个人演出都可以采用众筹的形式。

发布演出众筹需要注意如下所示的事项。

- **市场调查**：众筹的市场调查并非是立项调查，而是对该类演出是否适合众筹的调查，如一些明星的演唱会票务销售会非常火爆，无须通过众筹就有较好的票房。

- **演出地点**：有地区限制，这是演出类众筹与其他文化众筹最大的区别，与服务类农业众筹类似，只能在某个城市进行众筹参与。

- **演出风险**：国内商业演出众筹失败的项目一般较少，因为一般是在确定演出之后通过众筹进行售票，众筹只是一种营销方式。

7.3.3　商业演出的众筹上线

目前没有专门的演出众筹垂直平台，因此需要将演出众筹发布在综合平台上，具体的项目设计有如下的内容。

(1) 众筹名称确定

演出众筹的项目名称无须太多的修饰，但一定要有 3 个因素，分别是演出团队、演出名称及演出地点。

北京·爱乐汇·俄罗斯芭蕾国家剧院芭蕾舞《睡美人》。

(2) 发布者情况介绍

演出众筹发布者的情况不用介绍太多演出承办商，一般为演出团体及主要演职人员的介绍。

俄罗斯莫斯科州俄罗斯芭蕾国家剧院是俄罗斯联邦文化部直属领导的国家级艺术团体，具有该国一类演出资质，曾出访世界 80 多个国家和地区，具有国际一流的演出品质及荣誉。

俄罗斯莫斯科州俄罗斯芭蕾国家剧院保留了芭蕾舞历史的重要传统，体现了高度的表现艺术与芭蕾舞技巧，舞蹈团一贯致力于复兴优秀的俄罗斯芭蕾剧目，将观众带入极富个性色彩的俄罗斯芭蕾舞蹈家的创作世界。

艺术总监弗耶契斯拉夫·米哈伊洛夫·戈尔杰耶夫是卓越的俄罗斯芭蕾舞蹈家，在他的领导下，短短两年时间俄罗斯莫斯科州俄罗斯芭蕾国家剧院就迅速成长为世界一流的舞蹈团体。

看清无条件支持的陷阱

如今有许多演出众筹以某位明星的名义进行筹资，号召粉丝进行参与，这实际上是一种名不副实的行为。

适合众筹形式的演出项目，应该是作品本身或是主创拥有极大号召力，或者是这部戏剧作品、演出项目获得了很多人的认同。

(3) 项目包装

演出众筹的项目包装主要是对演出内容的介绍，如舞台剧的主要情节，晚会的节目单等。

序幕: 国王弗洛列斯坦和王后正在为出生不久的奥罗拉公主举行洗礼命名大典，迎接纷纷向他们表示祝福的宾客。紫丁香仙女率众仙女应邀前来。仙女们祝愿小公主成为既美丽温柔、活泼可爱，又慷慨大方的女孩。礼宾大臣一时疏忽忘记邀请恶毒的卡拉鲍斯仙女。

第一幕：御花园里欢庆公主已成年。阿罗拉和前来求婚的王子们开心的跳舞，但并未垂青于他们中的任何一人。无意间，一位老妇人走到公主身旁并递给她一个纺锤，公主接过了纺锤，被纺锤刺破了手指。老妇人这时撩开了伪装，原来她就是邪恶仙女卡拉鲍斯，她是来陷害公主的。

第二幕：转眼一百多年过去了，一支皇家打猎队来到森林，队伍中有一位年轻英俊潇洒的王子。休息时，王子在森林中独自徘徊，突然林中出现了奥罗拉公主的幻影，王子爱上了公主。在紫丁香仙女的帮助下，王子来到王宫，看到了沉睡中的公主，他被公主的美丽所吸引并亲吻了公主，公主苏醒了。邪恶仙女的阴谋破产了，爱情终究战胜了邪恶。

此外，需要详细的图片或视频包装，将该演出往期的照片或演员的表演展示出来，具体如图 7-17 所示。

图 7-17　《睡美人》图片包装

（4）演出信息展公示

前面讲到演出众筹需要将演出的相关信息列举出来，在该案例中，有如下的信息公示。

- **演出时间**：2014 年 9 月 27 日～2014 年 9 月 28 日。

- **演出场馆**：北京保利剧院。

- **演出票价**：80 元；180 元；280 元；380 元；580 元；680 元；880 元；1 280 元。

- **温馨提示**：1.2 米以下儿童谢绝入场。

- **退票信息**：由于演出的特殊性，本众筹项目不接受任何形式的退票和退款。

（5）筹资目标与支持等级

一场演出的主要收入来源是门票收入，但是不能将所有的票房全都设计成筹资目标，需要根据市场调查，在演出之前筹集到适量的资金。

此项目必须在 2014 年 9 月 26 日前得到 3 000 元的支持才可成功。

从支持等级与回报来看，演出众筹比较简单，主要为不同价格的门票。

- **无私支持**：感谢您的无私奉献，您的这份捐赠将助我们的梦想飞得更高更远。

- **252 元**：感谢您的支持，我们将回报您价值 280 元的演出票一张。

- **342 元**：感谢您的支持，我们将回报您价值 380 元的演出票一张。

- **522 元**：感谢您的支持，我们将回报您价值 580 元的演出票一张。

- **792 元**：感谢您的支持，我们将回报您价值 880 元的演出票一张。

- **800 元**：感谢您的支持，我们将回报您价值 580 元的演出票两张。

以上就是《睡美人》的支持等级与回报，除此演出门票之外，还可以设计如图 7-18 所示的一些回报方式。

周边商品：可以获得与演出有关的海报、演员签名或演出光盘等。

参与互动：演出结束后与导演、演员面对面交流，或者可以亲自参与到演出中。

广告冠名：较大金额的支持，可以获得演出的广告宣传或成为赞助商。

特别鸣谢：支持者的名字会在演出后得到演员的口头鸣谢或周边商品的文字鸣谢。

图 7-18　演出众筹的其他回报方式

Part 08

创意、公益、股权类众筹流程

垂直众筹种类有很多，除了前面 3 章介绍的之外，创意众筹和公益众筹也是比较热门的类别，此外还有股权众筹项目比较容易被大家接受，这些项目设计时与其他产品不同，本章就来了解一下其具体的运作。

◇ 创意众筹的设计与上线
◇ 公益众筹的设计与上线
◇ 股权众筹的设计与上线

8.1 创意众筹的设计与上线

创意和其他商品不同，前面介绍的科技产品、农业产品、电影、图书等任何商品，只要其有创意，都可以称其为创意产品。因此它在众筹设计与上线时也有所不同。

8.1.1 创意可应用于哪些领域

正如上面所说，任何商品都可以用创意产品概括，我们所说的产品立项，实际就是在为产品想一个创意。

但在实际的众筹中，如果一个产品与传统产品一样，没有任何创新，那么它就很难在创意众筹平台生存，那么创意具体可应用于哪些领域呢，具体如图 8-1 所示。

产品创意
产品创意是指对产品的包装设计，使产品既迎合了市场本身的需求，也体现了企业或研发者自身的创造研发能力。

文化创意
文化创意是指应用到文化领域的创意，如一个新颖的电视节目、一次特殊的演出晚会等，是一种利用不同载体而构建的再造与创新的文化现象。

艺术创意
艺术创意是指作者在进行艺术创作时的主观意图，既是作者表现其作品的价值体现，也是观众完整理解作品的途径之一，类似绘画、雕刻等都体现艺术创意。

服务创意
服务创意是指在服务行业的创意行为，如短工企划、互联网公关、多媒体设计制作、现代家庭管家等，都是新出现的服务创意。

图 8-1　不同行业的创意

8.1.2 如何才能让产品有创意

创意的说法很简单，但实际操作起来却非常困难，究竟如何让自己所掌握的资源成为创意产品呢，不同的人有不同的办法，下面列举一些帮助我们提升产品创意的方法。

- 观察、体会、总结、思考、交流、审美等进行创新思维的培养。

- 多看别人的设计作品，在合理的程度下夸张自己的设计想法。

- 释放心灵，创意不是逼出来的，一瞬间的灵感就能带来创意。

- 不要局限于传统，创意要有独特性、单一性与人性化的特点。

- 学会借鉴，借鉴+改良就成为新的创意。

- 多与人沟通想法，让灵感撞击出新的火花。

- 创意离不开专业知识的基础，多看相关书籍，灵感就会从书里出来。

- 将灵光一闪的创意记下来，进行组合拼接。

- 多接触不同职业和类别的人，跨界也是创意的一种。

- 不要光想不做，应从时间中找到创意的灵感。

- 要不怕失败，好的创意都是在不断的失败与总结中提炼出来的。

创意不要脱离产品本身

创意产品最重要的一点就是不能脱离产品本身，如一款音乐播放器，设计者为了其创意在表面上加上了较多的修饰，而影响了播放效果，这种创意脱离了产品本身，这样的产品很可能会失败。

我们进行产品创意的设计，就是要让其在众筹上线时有一定的优势，因此在创意设计时要注意如图 8-2 所示的五大原则。

在对一个产品进行创意设计时，一定要有耐心去探求消费者、市场情况，不能让创意脱离了市场需求。

骨气原则是从创意者本身的修养上体现的，市场已经有的创意绝不使用，别人可能想到的创意也绝不使用。

在思考创意的时候，要从生产效率的角度考虑问题，如果创意严重拉低生产效率，则失去了创意的意义。

图 8-2　创意的原则

图 8-2 创意的原则（续）

8.1.3 如何让创意产品成为众筹

要让一个创意产品成为众筹项目，需要在每个环节都体现创意二字，一般可从如下的内容中入手。

- **项目立项**：在立项的时候，就要充分考虑在众筹平台的发布情况，让项目的亮点充分展示，吸引更多的支持者。

- **产品生产**：产品在生产过程中，需要从实际用途、功能、外观上符合整体创意的方向。

- **产品包装**：产品的包装既体现在对产品的营销概念上，也体现在众筹项目包装上，无论如何包装，都不能掩盖产品本身的创意。

- **回报设计**：在众筹回报时，最好也不要设计过于平淡的回报，除了产品本身之外，还可以加上类似"在线交流"等创意。

艺术类产品的创意设计

许多艺术类产品如绘画、雕塑、服装等，其本身就是一种创意，因此可以快速发布到众筹平台，但在包装时也需要注重创意包装，将产品的特点展示出来。

8.1.4 创意产品的众筹上线

一款创意产品在众筹平台上线与其他产品的操作方法相同，但为了体现其创意，需要做一些改变。

(1) 众筹名称确定

创意产品的众筹名称含义应当突出"创意"二字，同时将产品的名称展示出来，让网站浏览者能直接地了解该产品。

北服女生的原创设计——十二生肖创意手机壳。

（2）发布者情况介绍

创意众筹的项目发布者情况介绍一般就是该创意产品的设计者，如一些小众画家、音乐人、雕刻家等。如果是创意类工业产品，则是对产品本身生产流程的介绍。

作为一个学设计的女孩，在一些表达美的方式上，我有着自己的执着，也正是这份执着，支持我来到众筹完成我的梦想。潮流是追不完的，设计也一直在马不停蹄地向前奔跑，作为一个标准的"90后"女生，追求时尚的同时我深爱着中国的传统文化，所以产生了十二生肖结合手机壳做成新时代的潮流文化的想法，通过众筹，设计并生产生肖系列时尚用品，希望这也将成为个人创业的一个美好的开始。

现在人们学习工作之余，星座成为受欢迎的话题之一，这不禁让我联想到中国的十二生肖。自古至今，人们对动物形象的描绘与刻画，达到了很高的水平，如果能把十二生肖系列的装饰图与时尚结合，这将成为我的又一次突破。

（3）项目包装

创意众筹中最重要的就是项目包装，它不同于其他项目，只需要展示项目的实际功效即可。创意众筹最重要的就是将产品或服务的创意表示出来，让支持者认为支持该项目有价值或有意义。

十二生肖系列主要是服装品牌，如今跨行业做一些服装周边产品，既是一种挑战也是一种机遇，所以我会更为认真地对待。

手机壳的材质是精心挑选，品质相当不错。每个手机壳都是经历了这样一个脱胎换骨的过程，这个过程着实很漫长，都是利用课余和兼职之余来完成的。我享受创作的过程，并且热爱我的设计，同时也希望大家喜欢。

创意众筹带有一些无条件支持的色彩，因此在包装时还可以加上项目发起者的一些筹资宣言。

十二生肖品牌产品成为我毕业设计的亮点作品，初次在众筹平台发布，希望我的产品能够有更多的人喜爱，如果有什么想法或者建议请及时与我沟通，让我设计出越来越优秀的产品，这次还会有精美的生肖徽章赠送。

创意众筹包装最重要的就是图片展示，其图片不仅要表现产品的用途，还需要将创意细节展示出来，具体如图 8-3 所示。

图 8-3 十二生肖手机壳图片

（4）筹资目标与支持等级

创意众筹的筹资目标设计与其他项目类似，只需要根据产品本身的属性进行相关设计即可，在该案例中，手机保护壳的价格一般较低，因此设计的筹资目标也比较少。

此项目必须在 2014 年 4 月 11 日前得到 3 000 元的支持才可成功。

创意众筹的支持等级同样需要根据产品属性来设计，最好是突出其创意，具体如下。

- **无私支持**：感谢您的无私奉献，您的这份捐赠将助我们的梦想飞得更高更远。

- **48 元**：一套小号的十二生肖徽章。

- **56 元**：一套大号的十二生肖徽章。

- **68 元**：您可得到生肖鼠的手机壳一个与相应徽章一个（手机型号适用为 iphone4、iphone4s、iphone5、iphone5s。

创意产品参与性

在进行创意产品的项目包装与回报时，可以设计一些有创意的回报方式，让项目支持者亲自参与其中。

最好的方式就是互动，如同样是手机壳设计，可以让项目支持者将自己的照片传给设计者，并将其刻在手机壳上。

8.2 公益众筹的设计与上线

在本书第一章中我们简单介绍过捐赠式众筹，捐赠式众筹可以捐赠给个人，也可以进行公益捐赠。下面就来了解一下公益捐赠的众筹细节。

8.2.1　公益与公益的行为规范

公益的全称是公共利益事业，具体是指相关公益组织或个人无条件为社会为人民利益进行的行为。

公益没有明确的判断标准，简而言之只要是做好事就可以称为公益，一般是个人或组织自愿提供给社会公众的公共产品，在公益组织中，做好事、行善举是对个人或组织行为的价值判断，行动的结果是向非特定的社会成员提供公益产品。

个人的力量一般相当微小，因此人们成立了公益组织，其组织的形式一般有如下的 3 种。

- 由私人企业投资建设与经营，并从中实现资本的周转并获得一定利润的纯营业性质的公益事业，如电力的生产与供应等。

- 由国家投资建设，由私人企业经营的公益事业，如公共交通公司等。这类公益事业的投资较大，使用期较长，带有一定成分的福利性质。

- 由政府投资建设，由政府有关机构直接经营和管理的公益事业，如公园、游泳池、学校等。这类公益事业福利成分较高，营业收入较低。

公益与慈善的区别

公益是指有关社会公众的福祉和利益，具体是指公共利益；而慈善的定义应是在慈悲心理驱动下的善举，是一种不附加要求的施舍。

公益事业不同于慈善事业，但慈善属于公益事业。公益事业是指众多的社会成员为公共事物谋取利益的事业。而慈善事业是建立在自愿基础上所从事的一种无偿的、对不幸无助人群的救助行为。

在众筹项目中，一些人往往利用公益与慈善的空子博取人们的同情心，在无条件捐赠的情况下从中获得利益，这需要参与者格外注意。

任何人都可以发布公益项目，但它并不是随心所欲地发布，而是必须遵守相关原则，如果违反其原则，该公益项目一般不会得到太多人地支持，甚至可能面临触犯法律法规的风险，具体原则如图 8-4 所示。

透明原则：公益项目须在支持者与大众的监督下进行，必须阳光、健康、可持续发展。

自愿原则：公益的参与秉持自愿参与、量力而行、自愿奉献精神。

义务原则：公益的义务是指不求物质回报只求精神愉快、帮助他人的精神满足。

平等原则：不同层次的捐赠者，捐赠者与被捐赠者之间没有高低贵贱，完全平等。

谨慎原则：谨慎完成每一步，让公益慈善事业影响最大化。

广泛原则：力争让尽可能多的人士参与公益活动，使公益事业具有普遍意义。

诚实原则：如实描述公益项目，不夸大受捐对象的情况。

包容原则：公益参与者要会承受社会的监督与质疑，要持有包容与公开的理念。

规范化原则：建立规范的爱心公益活动流程，保证整个事业的顺利完成。

合法原则：在法律范围内完成公益事业，如不能采取强迫他人捐助的行为。

图 8-4　公益事业的原则

8.2.2　公益事业如何成为众筹

众筹的公益项目是比较好的筹资方式之一，它不仅可以通过众筹的方式快速筹集到公益资金，同时也可以满足力量微小的人完成做公益的愿望。如果要做好公益众筹，要注意如下的几点重要内容。

● 要寻找众筹上线的公益项目不能毫无目的，最好是已经有了一定的计划，并进行了详细的项目考察。

● 通过众筹发布公益项目时，具体的资金使用必须进行公示，最好能提供发票、收据等证明。

● 项目首先要提供真实、可靠的一些证明材料，并陈述清晰，目的明确。

● 公益众筹与其他实物众筹不同，它必须实时更新项目进展。

● 公益众筹如果要让支持者有参与感，就必须设计垂直价值较低的回报。

下面，将通过图8-5来了解一次公益项目的具体操作流程。

首先，项目发起人需要对公益项目进行全方位的考察，如真实现状、实际需求等，在考察过程中通过采访、拍摄等形式将其记录下来。

进行项目立项，主要内容包括主要的帮助对象、帮助方式、资金使用情况等，众筹项目需要设计详细的筹资金额。

将项目推广到不同的地方，众筹项目通过众筹平台进行发布，非众筹项目可制作海报、视频等进行宣传。

每项倡议提出后，管理团队中的当天值班人员应予以收存，并在二十四小时内通知团队主管人员，所有人对每一步流程都必须知晓。

经过管理团队完善后的公益活动倡议，作为活动最终实施方案，其内容包括活动名称；活动时间、地点；活动宗旨与达到的目的；活动主体活动受益对象基本情况；资金、物品的收集渠道、管理方式、支配方式；具体账目的公布方式；联系方式；活动的宣传推广。

开始实施公益项目，整个项目必须在领导人的安排下详细分工（最好不要出现在活动之外的私人捐助行为），保证人员安全，保证资金、物品的分配公平，每一笔支出都必须详细记账，全程有文字、照片、视频记录。

公益项目结束后，将活动资料整理、传达给其他未能到场的爱心奉献人士，同时公布资金、物品的使用情况，好的项目可继续推广。

图 8-5　公益项目的流程

8.2.3 公益众筹上线

公益众筹与其他项目在众筹时需要公布的内容基本一样，但每个步骤却必须要时刻体现公益，让人们更加愿意参与其中。

(1) 众筹名称确定

公益众筹的项目名称只需要用简单的文字将此次公益活动的内容表达出来即可，让参与者一目了然知道此次公益活动的对象。

用行动拯救"迷失的家园"。

(2) 发布者情况介绍

公益众筹的发布者介绍是所有垂直众筹中最为重要的内容，发布者可以是个人也可以是相关机构，但必须有据可查才能让参与者相信。

我们是万向信托——中国自然保护公益信托。

我们是经过银监会批准的，国内首个自然保护公益信托，其宗旨是无偿捐助中国境内自然环境和生态保护公益项目，发展中国的自然环境保护事业，维护生态环境。

大自然保护协会(TNC)是从事生态环境保护的国际非营利、非政府组织，致力于在全球保护具有重要生态价值的陆地和水域，以维护自然环境、提升人类福祉。

如何查看项目发起人的资质

如果公益众筹的项目发起者是个人，支持人可能无法查看其相关资质，只能通过受捐者了解其发布的项目是否真实。

而如果项目发起人是项目相关的机构，则可以从各类渠道了解该机构是否真实合法，如我们可以到网上搜索上例中的"中国自然保护公益信托"是否合法。

(3) 项目包装

公益众筹的项目包装一般有两部分内容，一是较为煽情的介绍将要进行的公益活动，二是真实可观地公示项目资金用途。

如果有一天，当苍穹不再蔚蓝，当碧水不再澄澈，当茂林不再繁盛，当沃土不再富饶，当"鹰击长空，鱼翔浅底"只成为曾经的口述诗篇，我们再也无法亲眼所见。当一切曾经美好又亲切的大自然造物皆化为疮痍满目，我们终将成为那"断肠人"，行走于消逝，再也无法找到曾经的美好。

据世界自然保护基金会估计，全球的森林正以每年 2%的速度消失。我国森林覆盖率远低于全球31%的平均水平，人均森林面积仅为世界人均水平的1/4，中国森林资源总量相对不足、质量不高、分布不均的状况仍未得到根本改变，人民群众期盼山更绿、水更清，造林绿化，改善生态任重而道远。

6m² 项目实施步骤是筛选地块、树种选择以及种苗培育、造林设计、管护规划。在项目实施过程中做到科学规划、统筹设计、全程监管，确保成效。

本次众筹资金，自然保护公益信托将支持的项目是—— 6m² 植被恢复计划。加入我们，一起来留住人类最后的健康生存空间。项目第一期执行区位于老君山国家公园利苴片区，建立了面积约500亩的植树区块。

如果有相关的图片，同样可以进行展示。如图 8-6 所示。

图 8-6　6m²植被恢复计划相关图片

（4）资金使用情况公示

在公益众筹中公布资金或物品的使用情况是最重要的一环，其内容可以有购买捐助物品的价格、后期维护价格、资金托管方、资金监管方等。具体内容根据不同的项目而定。

6m² 项目将筛选出 3 000 亩适宜地块，在之后的五年内种活约 34 万株高山针叶林树苗，并进行长期（25 年）管护。每株投入树苗种植、管护成本预计 20元人民币/株。

信托监察人：德勤华永会计师事务所北京分所。

资金保管人：中国工商银行浙江省分行。

法律顾问：上海市锦天城律师事务所。

（5）筹资目标与支持等级

公益众筹根据活动项目的规模大小可设计不同的筹资目标，一般众筹平台对公益项目的筹资目标不会有太多的干涉，但较高的目标可能较难达成，最终使得众筹失败，从而使公益活动受阻。

此项目必须在 2015 年 2 月 2 日前得到 100 000 元的支持才可成功。

此外公益众筹设计的回报也比较特殊，具体如下。

● **无私支持**：感谢您的无私奉献，您的这份捐赠将助我们的梦想飞得更高更远。

● **1元**：您将会收到由中国自然保护公益信托发出的感谢信。

● **50 元**：您将会收到由中国自然保护公益信托发出的感谢信（电子版）和老河沟自然保护公益项目、滇金丝猴保护项目与云南普达措国家公园精美影集（电子版）。

● **100 元**：您将会收到由中国自然保护公益信托发出的感谢信；"6m² 项目"的志愿者手绘书签。

● **500 元**：您将会收到由中国自然保护公益信托发出的感谢信（电子版）；老君山植物手绘书签。

● **30 000 元**：您将会收到由中国自然保护公益信托发出的感谢信，您还可以参加 2015 腾讯冬令营活动，亲临腾讯、微信总部，与众腾讯高管面对面交流。

公益众筹常见的回报方式

公益众筹的回报一般没有太大的实际价值，常见的方式如下。

活动图片、视频，通过电子邮件的方式邮寄给支持者；

由受捐者或项目发起者制作的感谢信；

受捐者或受捐地域的特色产品，可作为公益活动纪念品；

线下活动，让支持者亲自参与到公益活动中。

8.3 股权众筹的设计与上线

前面介绍的所有的实物众筹项目，其回报均不能有股权、分红等内容，但是众筹要成为一种投资，就必须涉及股权，一般情况下众筹公司会出让一定比例的股份，面向普通投资者，投资者通过出资入股公司，获得未来收益，同时这种股权的出让必须通过专门的众筹平台，不能单独发布。

8.3.1　项目立项

股权众筹既是一种众筹项目，也是一种融资分红的金融活动，因此其项目必须要有所成长，才可能给投资人带来回报。在这样的情况下，我们在股权众筹立项时，就要选择投资有价值的项目，具体的项目选择标准如下。

● 股权众筹不要只局限于某类商品的生产，如人际关系、渠道、智慧、场地，或是某些行业内鲜为人知的经验、技能、商业规则等都可以作为股权众筹的项目。

● 股权众筹融资项目所处领域最好不要过于生僻，产品与技术范畴也不宜太过高精尖。众筹的参与者这一般不是专业人士，如果过于生僻，很难得到与实物众筹一样的支持。

● 股权众筹项目除了让投资人获得股权分红之外，也要考虑满足投资人还能获得某种特别回报。比如赠送样品、免费体验、优先试用、VIP会员、终身折扣等。

● 股权众筹的项目最好让投资者可以实际"触摸"到，如一间商铺、一个农场或是一项服务，而不是某些虚拟的东西，如票房收入、软件销售等。

8.3.2　股权众筹的项目设计

与其他实物类众筹项目一样，股权众筹在项目上线之前都需要向投资人披露商业计划书，在计划书中，需要对公司信息、股权结构、团队信息、产品/服务信息、经营情况、未来规划等内容进行披露。

具体在股权众筹项目设计中，要注意如图 8-7 所示的事项。

额度范围

股权众筹产品除了确定融资额度与出让股份外，还需定义众筹成功的融资额范围，如某项目预期 100 万元出让 10%股份，实际情况只融到 60 万元，在这样的情况下，发起方需要设定是否同意融资 60 万元，出让 6%的股份。

筹资时间

通过股权众筹方式的融资项目，信息资料在有限时间内一般都不允许更改，因此通常需要设定募资时间。众筹期限一般为正式对外公布后的 2 个月内，同时如果需要延长时间，可向股权众筹平台申请。

图 8-7　股权众筹项目设计的要点

领投人要求

项目的执行合伙人一般就是众筹的领投人，其身份必须具有一定的领投要求，如某领域专家、某认证协会会长、某公司老板等，除此之外，领投人的认筹比例也可以设定一个范围值。

跟投人要求

在股权众筹中，除领投人之外的投资人都称为跟投人，项目发起方会根据自身情况及项目的实际需求来设定投资者人数范围（一般跟投人不能超过 49 人），以及每位投资者可以认筹额度范围。

诚信管理

一般的筹资，投资人在确定了投资意向后，可能需要对项目进行多轮访谈，项目方也可以对投资人进行筛选，而在股权众筹中，双方无法核对身份，只能通过平台的诚信管理机制来保证合作安全，如诚信评分机制、保证金制度等。

特殊权益

如同其他众筹一样，股权众筹需要设定一些特殊的回报，因此当项目参与者投资了项目之后，股权众筹可以有效地运用首批资源，如产品试用、代理分销等，让更多人参与其中。

图 8-7　股权众筹项目设计的要点（续）

8.3.3　股权众筹上线

股权众筹在上线时也会涉及名称、筹资金额、项目包装等过程，但具体的操作却有自己的特点。

(1) 众筹名称确定

股权众筹的项目名称应当不要体现出"股权、分红"等内容，一般只要详细介绍项目的名称与特点即可。

出境游高速上网不分疆界，国内上网流量自由永不清零——随行 Wi-Fi。

(2) 发布者情况介绍

股权众筹的发起人介绍一般是公司的介绍，包括公司名称、规模，负责人情况等。

● **企业名称**：上海×××通信技术有限公司。

- **项目类型**：移动互联网智能硬件。

- **所在城市**：上海市徐汇区。

- **团队成员**：10 人。

- **成立时间**：2014 年 1 月。

- **创始人**：靳××，运营总监，技术出身，擅长公司运营、管理、营销，人际关系极广。

- **团队合伙人**：莫××，董事长，在通信行业有丰富的技术经验和管理经验。思维敏捷，技术底蕴深厚，是该项目创始人。

（3）项目包装

股权众筹的项目包装与其他产品类似，一般只需要将产品或服务的特点通过文字、图片的形式展示出来即可。

出境旅游、跨境商务用户，解决出境上网费用高，极其不方便的难题。为用户提供了移动上网终端——随行 Wi-Fi，此产品集移动 Wi-Fi、充电宝、无线路由器为一体。让用户在世界各地每天 30 元无限流量上网，畅用无忧；回到国内也能以低价上网，流量永不清零，随时可用，值得拥有。

该产品具体有如图 8-8 所示的图片展示。

图 8-8　随行 Wi-Fi 图片展示

在股权众筹的项目包装中，展示该产品的盈利模式非常重要，一般项目在上线时需要通过文字与图表的形式来分析该产品未来的盈利点。

在国外采购的 SIM 卡平均成本低于 10 元人民币/天，消费者正常使用为 30 元/天，毛利润可观。国内上网时，购买的流量资费成本为 15 元/G，用户使用 30 元/G。后期随着用户量的增多，挖掘有价值的大数据，与旅游公司合作，实现增值收入。

成本分析具体如图 8-9 所示。

■ 购买国外SIM卡	180.00万	17.6%
■ 购买国内SIM卡	160.00万	15.7%
■ 终端成本费	400.00万	39.2%
■ 员工成本	150.00万	14.7%
■ 市场推广	70.00万	6.9%
■ 服务器、宽带	30.00万	2.9%
■ 办公场地租赁、物业	30.00万	2.9%

图 8-9　随行 Wi-Fi 成本分析

同时，还有对市场未来的预期收益分析，如图 8-10 所示。

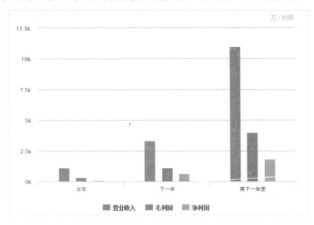

图 8-10　随行 Wi-Fi 预期收益分析

（4）筹资目标与支持等级

股权众筹同样需要设置筹资时间与筹资目标，一般筹资的金额较高，同时需要约定出让的股份占比。

此项目必须在 2014 年 12 月 31 日前得到 3 000 000 元的支持才可成功，同时出让 15%的股份。

从项目支持与回报来说，一般有最低投资限额，没有投资上限，按照投资的多少来进行股权分红。另外，股权众筹可以设置不同的等级，也可以自由输入投资金额，如在此案例中，要支持项目就有如图 8-11 所示的自由支持方式。

图 8-11　自由参与股权众筹支持

Part 09

众筹操作与手机众筹

通过本书前面几章的内容，我们已经对众筹的基本理论以及不同种类产品的众筹的设计方案有了详细了解，然而要发布一个众筹项目，除了这些内容之外，还需要了解在众筹平台上的具体操作，让产品正式成为一个众筹项目。

◇ 众筹的账户管理
◇ 支持一个众筹项目
◇ 发起一个众筹项目
◇ 手机众筹

9.1 众筹的账户管理

要进行众筹，首先需要注册相关众筹平台账户，并学会对其进行充分的管理，保证后续项目发布及支持正常进行。

9.1.1 注册众筹网账户

许多众筹平台不仅在项目支持时需要使用账户，甚至在注册账户之后才可以浏览其项目，下面将以众筹网为例，来了解一下具体的注册流程。

■ 应用示例——注册众筹网的众筹账户

Step01 进入众筹网首页，可看到如下图所示的页面，在上方的工具栏右侧单击"注册"按钮。

Step02 在打开的对话框中输入手机号码、密码、验证码，① 单击"发送手机验证码"按钮，输入手机收到的验证码，② 单击"注册"按钮即可完成账号注册，如下左图所示，如已经拥有账号，则在首页单击"登录"按钮，如下右图所示，输入账号密码单击"登录"按钮即可登录众筹网。

9.1.2　个人众筹账户管理

账户注册完成后还需要进行简单管理，保证在未来使用中的方便与安全。

（1）修改个人信息与密码

注册完成后，就会自动登录账户，第一次登录后需要修改个人信息及密码，具体操作如下。

应用示例——修改众筹账号信息及密码

Step01 登录账号后，单击右上方账户超链接，① 在下拉列表中单击"个人设置"选项，② 在打开的页面中设置新的用户名、性别、所在地、网址（一般可以设置个人主页或产品网站）与个人说明，③ 单击"保存"按钮即可成功修改个人基本信息。

Step02 ① 在左侧单击"密码修改"按钮，② 在右侧输入原始密码及新密码，③ 单击"保存"按钮即可修改账户密码。

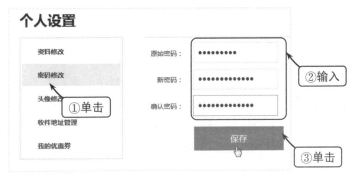

（2）设置收件地址

我们知道众筹的大部分项目都会涉及实物回报，因此设置收件地址非常重要，具体操作如下。

应用示例——设置收货地址

Step01 登录账号后，单击右上角的账户超链接，① 在下拉列表中选择"个人设置"
选项，② 打开的页面左侧选择"收件地址管理"选项，③ 单击"添加地址"按钮。

Step02 ① 在打开的页面中设置收件人名称、手机号码、所在地、详细地址、邮编，
② 单击"保存"按钮即可完成。

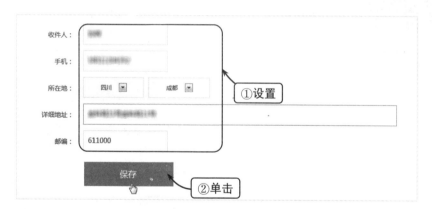

设置多个众筹收件地址

一个众筹账户可以设置多个收件地址，在支持项目时可以进行地址
的选择，满足居住地、工作地址等不同的需求。另外，项目支持者在支
持项目时，可另外约定收件地址，将其告知发起者即可。

（3）账户安全管理技巧

众筹是通过互联网进行操作，难免会遭遇互联网账户安全的风险，为了保护众筹账号及资金的安全，并保证众筹的顺利完成，可以从如图 9-1 所示的几方面来管理账户及个人众筹网络安全。

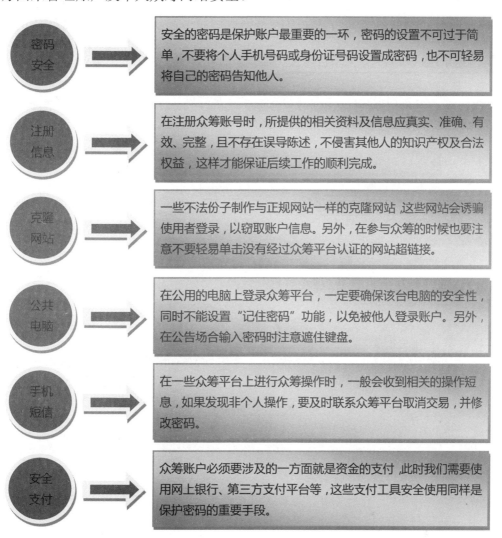

图 9-1　保护账户安全的技巧

9.2 参与一个众筹项目

　　支持一个众筹项目是我们参与众筹最常见的方式之一，而支持项目需要经历的流程比较多，包括浏览项目、选择支持等级、资金支付等。下面就来详细了解一下每一步的操作。

9.2.1 浏览一个众筹项目

浏览一个项目是参与众筹的基础，首先要浏览一个项目，才能对一个项目进行支持，而浏览众筹项目并不是简单地看网页，它还需要一些简单的技巧。

应用示例——浏览众筹项目内容

Step01 进入众筹网网站，在首页可以看到很多热门项目，①单击上方的"浏览项目"选项卡，②在打开的页面中单击要查看的众筹垂直类型。

Step02 在打开的页面中就可以看到该类型下不同的众筹项目，单击个人喜欢的项目名称超链接。

Step03 进入该项目，在上方可以看到该项目的名称、发起者及所在地，同时还有"项目主页"、"评论"、"支持者"三个页面选项卡。

Step04 如单击"项目主页"选项卡，即可看到该项目的基本内容，包括发起人情况、项目包装及不同的支持等级。

Step05 单击"评论"选项卡，可看到参与者或支持者对该众筹项目的评价，从而帮
助判断是否值得支持。

9.2.2 支持一个众筹项目

浏览完一个项目确定支持之后，就可以进行如下的操作。

应用示例——支持一个众筹项目

Step01 进入一个众筹项目页面，在右侧的支持等级上方单击"喜欢"按钮，即可将
该项目加入收藏，在"喜欢的项目"页面中可保存该项目，方便下次查看。

Step02 要支持一个项目，需要在支持栏中查看不同的支持等级，选择自己要支持的
等级单击其下方的"支持"按钮。

Step03 在打开的页面上方选中收货地址单选按钮，确定支付信息，如果有需要备注的信息，可在"给项目发起者留言"栏中输入文本。

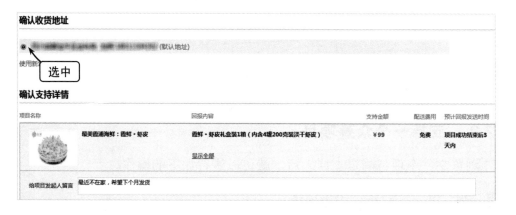

Step04 在该页面下方有不同的支付方式，① 选择支付方式后，② 单击"确认付款"按钮，完成支付即可成功支持项目。

9.2.3 网上银行支付

上面的流程只是完成了众筹项目的支持，要让项目支出顺利完成，还需要进行相关的支付工作。

网上银行支付是进行众筹支付最常见的方式之一，下面就来了解一下如何使用网上银行进行众筹的支付。

应用示例——网上银行支持众筹

Step01 在众筹的支付页面单击"网银支付"选项卡，① 选中用来支付的银行选项，② 单击下方的"确认付款"按钮。

Step02 ① 在打开的页面中输入银行账号，② 单击"下一步"按钮。

Step03 进入银行验证页面，查看自己的银行预留信息是否正确，① 单击"付款"按钮，② 在打开的页面中进行电子密码器安全支付，③ 单击"提交"按钮，即可成功完成支付，众筹支持成功。

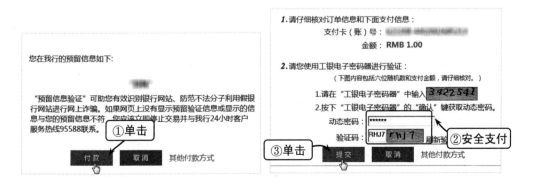

在上面案例的最后一步中，使用的是工商银行电子密码器进行安全支付，安全支付是使用网上银行最重要的步骤之一，除了电子密码器之外，工商银行网上银行还有很多其他的支付方式，具体如下。

- U盾：U盾是目前使用最广也最为安全的安全支付工具，因为外形酷似U盘，所以取名为U盾。U盾在使用前，需下载安全支付证书，设置U盾的支付密码。在使用过程中，将U盾通过USB端口连接到电脑，在进行支付时，输入支付密码，再按U盾上的"OK"键就可以完成支付。

- 动态口令卡：在众多安全支付工具之中，有一种比较传统的工具，它外形类似于银行卡，卡面上印有若干字符串，每个字符串对应一个唯一的坐标，这样便可以进行安全支付。在支付时，支付页面会提示输入对应坐标轴的字符，只需刮开覆盖在动态口令卡上的覆盖膜，输入相应的字符即可。

- 电子密码器：电子密码器是由工商银行面向电子银行客户推出的新一代的安全认证工具，它方便携带，支持金额较高，受到了人们的喜爱。电子密码器的外形类似一个小键盘，在使用的时候，需要输入验证密码，才可以进行支付。支付的时候，手机银行会提示在电子密码器上输入相关支付验证码，确认之后电子密码器会显示验证码，将该验证码输入手机银行中即可完成支付。

9.2.4 支付宝支付

在本书第一章中，简单介绍了支付宝的功能与特色，下面就来了解一下如何利用支付宝为一个众筹项目支持资金。

（1）对支付进行充值

首先必须要保证支付宝账户中有余额，才可以进行资金的支付，为支付宝充值的具体操作如下。

应用示例——为支付宝账户充值

Step01 进入支付宝网站首页，①在登录栏中输入支付宝账号及密码，②单击"登录"按钮即可登录支付宝。

Step02 登录后进入支付宝个人页面，在首页可看到个人账户信息及账户余额，单击"充值"按钮。

Step03 ① 在页面打开的"网上银行"区域中单击"选择其他"超链接，② 在打开的页面中选中要支付的银行单选按钮，单击下方的"下一步"按钮。

Step04 ① 返回充值页面，输入要充值的金额，② 单击"登录到网上银行充值"按钮，即可进行和上例中使用网上银行支持众筹一样的操作。

在进行上面的操作时，无论是登录还是银行选择，都有如下的小技巧，可

帮助我们快速使用支付宝。

- 通过支付宝充值后再进行众筹支持，会显得比较麻烦，这一般适合较大金额的支持，通过第三方平台保证支付的安全。

- 支付宝账户的注册只需使用个人手机号即可，但必须使用身份证完成实名认证的账户才可以充值并进行交易。

- 支付宝支持的银行非常多，无论个人用户还是企业用户均可进行充值。

(2）绑定银行卡进行快捷支付

为了支付便捷，可以将银行卡账户绑定到支付宝账户，开通快捷支付服务，这样在进行支付的时候，就无须再登录网上银行，也不必再使用安全工具，同时可由支付宝及银行共同保障交易的安全。

Step01 登录支付宝账号，在个人页面右侧的账户管理栏中单击"＋银行卡 开通快捷支付"超链接。

Step02 ① 在打开的页面中选中要绑定的银行卡单选按钮，② 选中银行卡类型单选按钮，③ 单击"下一步"按钮。

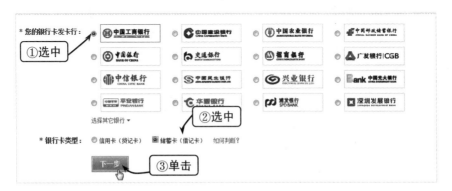

Step03 进入绑定页面，个人姓名、身份证号码都已根据注册信息设置完成，无法进行修改。① 输入手机号码，单击"免费获取"按钮，将手机收到的验证码输入校验码文本框中，② 单击"同意协议并开通"按钮，即可完成快捷支付服务开通。

为了更好地使用快捷支付功能，应注意如下的内容。

● 快捷支付使用时不会使用安全工具，因此可以设置单日最高支付额度与一次性支付额度来保证账户安全。

● 根据个人资金情况，可以设置小额免验证服务，在支付时不用进行烦琐的支付流程。

● 不同的银行有不同的支付限额规定，我们进行众筹支付，一般银行的上限是单笔5 000元、单日5万元、单月5万元。

● 信用卡也可以进行快捷支付，但部分银行或者项目不支持信用卡众筹。

● 支付宝需要设置登录密码与支付密码，登录密码为登录账户使用，支付密码则是进行支付时使用，二者不能相同。

（3）快捷支付支持众筹

支付宝相关的支付方式准备完成后，就可以完成众筹支持。

应用示例——支持众筹项目

Step01 确认支持后，①选择"支付宝"选项，②单击"确认"付款按钮。

Step02 ① 在打开的页面中输入支付宝账户名称与支付密码，② 单击"下一步"按钮即可完成支付，众筹支持成功。

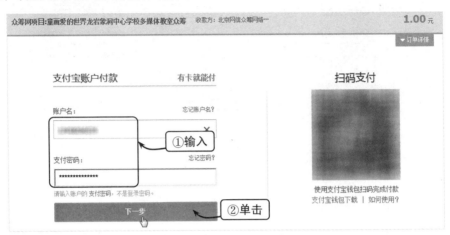

9.3 发起一个众筹项目

除了支持项目外，在众筹平台发起项目同样是非常重要的内容，它会涉及项目发布、回报设计、后期管理等相关操作。

9.3.1 如何发起众筹项目

发布众筹项目是一个比较复杂的过程，具体操作如下。

📊 **应用示例——发起一个图书出版众筹项目**

Step01 要发起一个项目首先要登录账户，在众筹网首页上方的菜单栏中单击"发起项目"按钮。

Step02 ① 在打开的页面中选中"阅读并同意众筹网的《服务协议》《众筹公告》"复选框，② 单击"发起我的梦想"按钮。

Step03 进入信息发布页面，设置项目名称、筹资金额、筹集天数、类别、项目地点、封面或相关视频(设置封面只需单击"上传封面"按钮，即可选择电脑中的图片)。

图片与视频展示要求

项目封面就是展示在栏目首页的图片、名称及众筹目标，其图片必须与项目内容相关，可以是产品图片，也可以是相关的风景、人物。

视频展示的限制比较多，各平台也有不同的约定，如在众筹网平台规定只能使用优酷网的视频链接。

Step04 在该栏下方的"项目简介"文本框中输入项目简介文本，字数不能超过75个字，可以最简单的文字表达出项目的主要内容。

Step05 在下方的"项目详情"选项组中设置项目的文字包装内容，一般包括"我们要干什么、资金用途、发布者情况"等。

Step06 如果有图片展示，则在上图所示的工具栏中单击""按钮，在打开的对话框中单击"浏览"按钮。

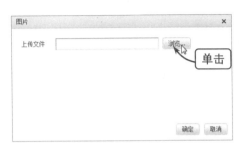

Step07 在打开的窗口中找到图片所在的保存路径，① 选中要上传的图片，② 单击"打开"按钮。

Step08 在返回的对话框中单击"确定"按钮，即可看到该图片已经上传到了"项目详情"选项组中，可以为该图片设置不同的描述文字或效果。

Step09 ① 在该页面下方标签文本框中输入项目标签，② 选中"手续费"复选框，③ 单击"下一步"按钮。

Step010 进入回报设置页面，在页面上方"支持回报选项01"中输入支持的金额及回报内容。

支持回报选项01
支持金额： 1 元
回报内容： 谢谢您的支持，您将收到创作团队的感谢邮件一封。

设置

Step011 如果是虚拟回报，一般不需要设置限定名额与运费，回报时间可任意设定，① 选中"虚拟回报"单选按钮，② 单击"保存"按钮即可。

限定名额： 0 　　个 "0" 为不限名额

运费： 0 　　元 "0" 为不收运费

回报时间： 1 　　天 "0" 为项目结束后立即发送

回报类型： ○ 实物回报(需要快递／邮寄的) ● 虚拟回报(不需要快递/邮寄的，电子照片等)

②单击　保存　取消保存　　①选中

Step012 ① 如果是实物回报，一般需要设置限定名额与回报时间，运费是由项目发起者决定由谁支付，同时实物回报最好上传回报的图片。② 选中"实物回报"单选按钮，③ 单击"保存"按钮即可。

说明图片： 上传图片 支持jpg、jpeg、png、gif格式，大小不超过500KB。最多上传3张

①设置

限定名额： 50 　　个 "0" 为不限名额

运费： 0 　　元 "0" 为不收运费

回报时间： 1 　　天 "0" 为项目结束后立即发送

回报类型： ● 实物回报(需要快递／邮寄的) ○ 虚拟回报(不需要快递/邮寄的，电子照片等)

③单击　保存　取消保存　　②选中

Step013 一般的项目至少需要设定3个或3个以上的支持等级，完成后在页面上方会预览所有的支持等级及回报，单击下方的"下一步"按钮。

Step014 进入"发起人信息"页面，该页面并不是发起人自我介绍，而是筹款人的收款信息，输入真实姓名、所在地与联系电话。

Step015 ① 在页面下方输入筹集资金转入的银行卡开户银行信息，包括银行名称、开户支行、开户名称、银行账号等。② 单击"提交审核"按钮即可完成所有的项目发起操作内容。

此时项目并没有发布到众筹平台，而是进入了众筹平台的审核程序，一般审核的时间为3~5个工作日。

9.3.2　什么样的项目容易成功

在本书第 4 章中，已经介绍了众筹网主要有科技、公益、出版、娱乐、艺术、农业、商铺等垂直类型的项目，那么作为项目发起者在发布项目的时候，应该如何保证这些项目能顺利通过审核呢？

从项目的产品本身来说，如果分别具有如下所示的内容，常常比较容易通过平台审核。

- **科技**：项目发起者可以勇于挑战权威的智能硬件；可以是把设计做到极致，让人一看就产生购买欲望的实用性电子产品；可以是新奇有趣、改造传统行业的创新型 APP。众筹平台将提供项目包装、媒体宣传、供应链合作、渠道资源与融资等一系列的上下游服务，帮助项目发起者实现科技创业梦。

- **公益**：一般是为公益组织或个人提供公益众筹项目策划、筹资及传播服务，鼓励发起创意性公益活动、社会创新项目以及跨界合作的公益项目。需要注意的是，众筹公益不提倡疾病灾难救助以及谋求个人利益的项目，更多的是面向公众讲述公益梦想和故事。

- **出版**：以国家允许出版的正规出版物为核心，以出版物内容、作者为载体的产品及其衍生的商品、活动，如图书出版本身、图书周边及相关文化衍生品，新书发布会、作者签售会、讲座、培训等。不能发布任何含有违反国家法律法规以及国家禁止出版内容的项目。

- **娱乐**：娱乐众筹涵盖了前面章节介绍的电影、演出等项目，它以众筹的方式让粉丝参与到每一场活动的筹备、策划之中。真正使用户全身心参与到娱乐中来。娱乐众筹主要包含两方面，一是明星与粉丝众筹；二是传统的音乐、影视、话剧、舞台剧的筹拍与预售。

- **艺术**：帮助艺术家以及手工艺者提供面向大众推广的平台，内容包括艺术家的个人创作活动项目；面向初级收藏的文玩艺术品、有创意的工艺美术品众筹项目；提供品质生活服务的众筹项目等。

- **农业**：为互联网新农人与农业创业者提供众筹服务平台，以特色农产品、农场或农业相关产品与服务为核心，项目产品必须为质量合格产品，加工产品需提供资质证明与相关质检报告，目前平台不接受个体自制面食、熟食、肉类、油类、腌制食品等产品发布。

● **商铺**：以实体商铺投融资为核心，搭建一个高效、安全、快捷的互联网众筹平台，无论是开新店、开分店还是商铺的改造扩建，都可以拥有最广阔的众筹平台，筛选出最优秀的商铺项目。

9.4 手机众筹

随着智能手机、平板电脑的普及，人们上网不再局限于电脑，而是可以随时随地进行网上操作。众筹也不例外，如今许多的众筹平台都推出了手机客户端，帮助投资者快速完成众筹操作。

9.4.1 下载手机众筹

要在手机上参与众筹，首先需要进行众筹客户端的下载与安装，具体的操作如下。

应用示例——下载安装手机众筹网平台

Step01 进入众筹网首页，单击右上方的"手机众筹"选项卡。

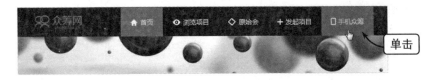

Step02 在打开的页面中可看到IOS与Android两种操作系统的软件，单击自己手机支持的系统按钮。

Step03 在网页下方打开的对话框中单击"保存"按钮，将该手机安装软件下载到电脑中。

您是要打开还是保存来自 zcstatic.wangxingroup.com 的 zc_android_3.5.apk (6.75 MB)?　　打开(O)　保存(S) ▾　取消(C)　单击

Step04 下载完成后，即可在电脑中看到如下左图所示的安装软件，将该软件复制粘贴到手机文件中，在手机上找到该软件并单击，就会进行自动安装，安装成功后就会有如下右图所示的应用程序。

　　除了上面介绍的方法外，下载手机软件还有许多不同的方式，具体如图 9-2 所示。

手机网页下载

手机网页下载与上面所示的方式基本类似，就是利用手机浏览器浏览相关的众筹网页，直接在网页上下载众筹软件的安装程序。这种方式较为适合专门下载某类软件，操作较为烦琐。

应用商店下载

在应用商店下载手机软件是许多用户常常会使用的，常用的应用软件包括安智市场、360 手机助手、itunes 等，用户只需在应用商店找到相关软件，直接单击下载即可，一般会自动进行安装。

百度搜索下载

百度应用市场实际上也属于应用商店的一种，不过它可以直接在百度网站首页进行下载。用户进入百度搜索首页，搜索软件名称，就会直接出现"立即下载"按钮，用户单击下载即可。

图 9-2　不同的手机软件下载方法

不同的手机操作系统

　　在该案例中，是以安卓（Android）操作系统的相关操作来介绍手机如何下载，在市场上还有很多不同的操作系统。

　　在苹果手机的 IOS 系统上下载软件需要到苹果公司制定的应用市场上下载软件，在电脑上使用需要下载 itunes 软件。

　　支持 Windows phone 操作系统的手机下载软件同样需要到微软公司制定的应用商店，同时 Windows phone 操作系统支持很多电脑版本的 EXE 文件。

9.4.2 在手机上注册众筹网账户

在前面已经讲解了如何在电脑上注册众筹网账户，其实在手机平台上也可以快速注册众筹网账户。

应用示例——如何注册众筹网账户

Step01 进入手机众筹网平台，即可看到如下左图所示的页面，① 在下方单击"注册登录"按钮即可进入右图所示的页面，如果有众筹账号，直接输入账号密码进行登录，② 如果没有账号则单击"免费注册"超链接。

Step02 ① 在打开的页面中输入手机号码、众筹密码及账户名称，② 单击"下一步"按钮，③ 在打开的页面中输入收到的手机验证码，④ 单击"完成"按钮即可成功注册众筹网账户。

9.4.3 浏览一个众筹项目

在手机上浏览一个众筹项目的基本操作与电脑上一样，但也有一些细节需要注意。

应用示例——浏览众筹信息

Step01 登录手机众筹网之后,可在首页看到许多热门的项目,要详细浏览某一项目,单击右上角的"▤"按钮,在打开的页面中即可看到众筹网推出了七大类众筹项目,选择自己喜欢的项目选项。

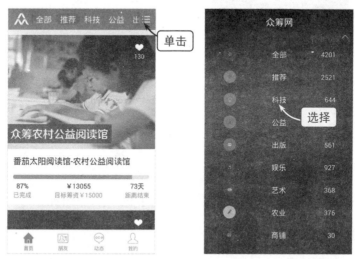

Step02 在打开的页面中即可看到该类众筹中最新上线的项目,单击其标题超链接可进入该项目的众筹页面,在首页可看到基本图片、筹款描述、筹款目标等内容,要详细了解可单击"查看项目描述"超链接。

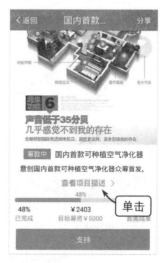

Step03 在打开的页面中即可看到该项目详细的项目包装,如确定参与投资,即可返回项目首页,在页面下方查看不同的支持等级与回报。

9.4.4　管理自己的收货地址

添加收货地址对众筹来说非常重要，在手机上的操作如下。

⚡ 应用示例——添加收货信息

Step01 进入手机众筹网平台，① 在下方单击"我的"按钮，在打开的页面中单击"收货地址"按钮，② 在新打开的页面中单击"添加收货地址"按钮。

Step02 ① 进入收货地址添加页面，输入收件人名称、手机号码、详细联系地址，② 单击"完成"按钮即可。在返回的页面中即可看到添加成功的收件信息。

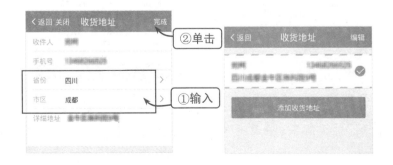

9.4.5　支持一个项目

使用手机众筹软件,最常用的就是支持一个众筹项目,其具体的操作如下。

应用示例——如何支持一个众筹项目

Step01 在项目支持页面中选择要支持的等级，选择该选项，在打开的页面中即可看到详细的支持信息，主要包括收件地址、金额等，单击"确认支付"按钮。

Step02 在打开的页面中确认订单，单击要进行支付的工具选项卡，如选择支付宝支付，在打开的页面中输入支付宝支付密码，单击"确认付款"按钮即可。

手机支付

手机支付是如今非常流行的支付方式，如在上例中，如果需要使用支付宝钱包进行支付，则需要在手机中安装支付宝钱包应用程序。

如果使用支付宝网页或信用卡支付，则需要进行相关的验证。

9.4.6　保证手机众筹顺利进行

使用手机支持众筹，在账户管理与资金支付上都需要时刻注意其风险的发生。为了更好地完成手机众筹，可注意如下的内容。

- **手机密码**：在手机上的众筹账号，设置的各类密码不要过于简单，同时不要在手机上选择"保存密码"服务。

- **软件下载**：不要在一些非法的应用商店或网站下载软件，也不要轻易相信非官方发送的手机客户端升级链接。

- **网络问题**：手机支付时可能出现因为网络原因而造成数据延迟、交易失败的现象，因此在使用前一定要确保手机信号及网络的通畅。

- **手机丢失**：如果我们手机中有相关众筹软件或第三方支付软件，当我们的手机丢失之后，要立刻通知相关账户的管理方，如打电话到众筹平台冻结账户等相关操作。

- **公共Wi-Fi**：使用手机参与众筹，很多时候我们都是通过手机链接Wi-Fi网络上网，但是，有一些不法人员利用网络漏洞，可以通过Wi-Fi侵入我们的手机，盗取密码，所以，在连接公共Wi-Fi时，尽量不要进行相关支付交易。

- **上网流量**：众筹有非常丰富的图片包装，因此一定要注意手机上网的流量问题，直接使用流量会产生较多的费用，最好是到运营商营业场所办理流量套餐。

Part 10

如何更好地玩转众筹

在前面章节中已经对不同的众筹有了详细的认识，并学会了如何参与众筹之后，为了在众筹领域中走的更加稳定，更好更轻松地参与众筹，还需要了解一些众筹的小技巧。本书的最后一章，就一起来认识一下这些技巧。

◇ 综合众筹门户网站
◇ 众筹的推广与宣传
◇ 轻松玩转众筹

10.1 综合众筹门户网站

在本书第一章中，已经介绍了六大互联网金融服务，其中，众筹与金融门户网站的结合，让众筹变得更加轻松。

所谓众筹门户网站，是指集合了众筹项目展示与分析、平台推广与下单支持的综合应用平台。下面就来认识一些较好的众筹门户网。

10.1.1　众筹中国

众筹中国（http://zhongchou.com.cn/index.html）是一家非常有影响力的众筹门户网站，它为众筹项目发起者与支持者提供互联网金融众筹相关资讯。

进入众筹中国官网，首先会看到如图 10-1 所示的页面。

图 10-1　众筹中国首页

从图 10-1 中可以看出，众筹中国的主要板块有新闻中心、众筹政策、各类项目、相关活动等。众筹中国致力于打造中国互联网金融众筹第一资讯平台，除了不同的项目，还可关注互联网金融领域中其他与众筹紧密相关的行业，包括第三方支付、数字货币等信息。

在众筹中国上有哪些特别的功能可以帮助我们完成众筹呢？

(1) 新闻与政策

众筹在国内属于新发展起来的筹资、投资项目，目前越来越受到国家相关部门的关注，因此如果我们要参与到众筹中，就必须要实时了解相关的众筹新闻与政策。

要在众筹中国上看新闻，其操作就是普通的浏览网页操作，选择"众筹新闻"栏目，单击新闻标题，即可阅读相关新闻，具体如图 10-2 所示。

图 10-2　阅读众筹新闻

（2）选出一个合适的众筹项目

众筹平台如雨后春笋般涌现，众筹项目更是成千上万，通过众筹中国，我们可以像百度搜索一样找到最好的众筹项目，具体操作如下。

应用示例——找到一个众筹项目

Step01 进入众筹中国首页，在页面最下方单击"项目导航"超链接。

Step02 在打开的页面中即可单击不同的筛选条件超链接，如地区、垂直类别等。

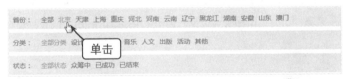

Step03 在该页面下方会显示该筛选条件下的众筹项目，这些项目都来自不同的众筹平台，单击要查看的名称超链接。

Step04 页面跳转到该众筹平台的项目页面，可进行项目查看与支持。

（3）平台推荐

在本书第 4 章中已经介绍了很多垂直众筹平台，如今的众筹平台已经非常丰富，且更新速度较快，通过众筹中国网站，可以找到最新且最全面的众筹平台。只需在首页选择"众筹之家"选项，即可详细查看，如图 10-3 所示。

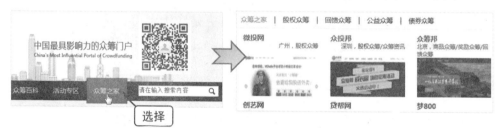

图 10-3　众筹平台推荐

10.1.2　众筹之家

众筹之家是国内首家非常权威的众筹行业门户，其中的众筹数据与众筹众筹征信栏目都是比较优势的项目，对大型众筹项目的发起者来说可以查看到想要的数据。众筹之家首页（http://www.zhongchouhome.com.cn）如图 10-4 所示。

图 10-4　众筹之家首页

在众筹之家网站上,可以按地区分类查看众筹平台,其收集的平台非常多,通过众筹之家就可以直接进入要查看的平台。具体只需要单击"众筹导航"进入平台页面即可,如图 10-5 所示。

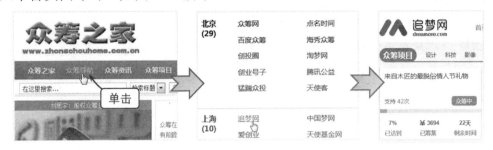

图 10-5　众筹之家众筹平台推荐

众筹之家的特色服务

在众筹之家平台上,不会对某一项目进行推荐,也不会进行垂直项目分类,网站仅是通过对热门项目的分析,来让众筹的参与双方学会如何发起或支持该类项目。

另外,众筹数据栏目将大数据与众筹结合,分析未来众筹走势。

10.1.3　众筹大本营

　　众筹大本营是一个为用户提供众筹行业的相关信息的综合门户网站,在上面有丰富的众筹资讯,项目分析、平台推荐、在线交流与线下活动。众筹大本营的首页(http://www.eefafa.com)如图 10-6 所示。

图 10-6　众筹大本营首页

众筹大本营除了有最新的众筹新闻及项目推荐外，众筹论坛是其最大的特色，用户可以通过论坛讨论的形式与网友进行交流，具体操作如下。

▶️ 应用示例——参与众筹论坛讨论

Step01 进入众筹大本营首页，在页面下方就可以看到众筹论坛，其中区分了很多不同的栏目，单击自己感兴趣的栏目超链接。

Step02 进入该栏目的讨论区，就有不同网友发布的众筹帖子，单击标题超链接。

Step03 进入该帖便可详细阅读其内容，登录众筹大本营账号之后，在页面的最下方可通过回帖的形式与网友进行讨论。

10.1.4　股权众筹之家

　　股权众筹之家的实际名称为众筹之家，是一家股权众筹门户网站，其以投资人需求为核心，提供全方位的股权众筹资讯、权威数据比对、优质项目推荐与行业交流社区。

　　众筹之家网站区别于一般的门户网站杂乱的特点，其首页非常简洁，分别有资讯中心、项目挖掘机与平台导航等，具体如图10-7所示。

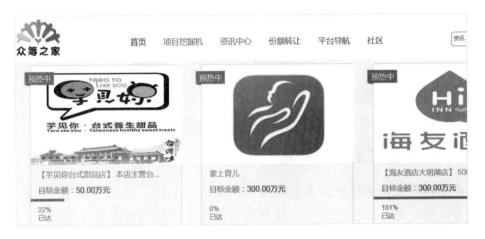

图 10-7　股权众筹之家首页

在股权众筹之家网站上，可以完成如下所示的操作。

- **数据比对**：众筹之家有非常强大的股权众筹数据库，通过与不同平台的直接对接和自身强大的数据搜集、整理能力，获取最及时的项目投资数据与平台交易数据，同时这些数据被整理成为专业的参考方向，为股权众筹参与者投资决策提供参考。

- **众筹项目**：在众筹之家上有很多的股权众筹项目，不管是高收益的风险项目，还是回报一般的稳定项目，只需挖掘信息披露完整、市场前景良好的优质项目，节约探索项目的时间。

- **行业资讯**：股权众筹需要非常专业的项目调查，在众筹之家上，可以看到最为及时、最有价值、最具深度的股权众筹资讯，帮助项目发起者了解行业动态与行业趋势的需求。

- **项目份额转让**：股权众筹投资者可以在众筹之家上免费发布股权转让信息，实现24小时的跨平台股权交易。同时提供标准版本的股权转让协议，帮助买卖双方实现权益保护。

- **平台导航**：众筹之家收集了丰富的股权众筹平台，并详细披露平台信息，提供评分与点评功能，让项目的发起者和支持者都可以找到最适合自己的股权众筹平台，还可以直接单击链接进入相关平台官网。

- **股权众筹学习**：众筹之家精心整理股权众筹投资入门级、普通级、高手级等多个阶段的学习资料，帮助项目双方成为股权众筹投资大师，准确获利。

10.2 众筹的推广与宣传

众筹虽然发展迅速，但总体还是一种新产品，当我们将项目发布到众筹平台之后，如何让更多的人看到该项目呢？这就需要用到一些推广的技巧。

10.2.1 学会利用社交网络

社交网络简单来说就是人们在通过网络进行交往，它像一个巨大网络，让人们可以分享更多的生活细节，结交更多的朋友，拓展更大的空间。

截至 2013 年，我国有一半以上的网民通过社交网络沟通交流、分享信息，社交网络已成为覆盖用户最广、传播影响最大、商业价值最高的网络业务。

社交网络在人们的生活中扮演着重要的角色，它已成为人们生活的一部分，并对人们的信息获得、思考与生活产生了较大的影响，同时也逐渐成为人们获取信息、展现自我、营销推广的窗口。

为了让身边的好友发现自己的众筹项目，可以将其发布在社交网络中，如今国内的社交平台有很多，常见的有 QQ 空间、微博、人人网、开心网等，我们不需要亲自发布信息，只需一键转载就可以将众筹项目发布到社交平台，同时还可以加入自己的评论。

具体的方法如下。

> **应用示例——将众筹网项目推广到 QQ 空间**

Step01 进入自己要进行推广的项目页面，单击标题下方的"➕"按钮，在打开的菜单栏中选择"QQ 空间"选项。

Step02 ① 在打开的窗口中输入想要评论或进行推广的文字，② 单击"分享"按钮。需要注意的是，此时需要登录QQ号。

Step03 进入个人QQ空间，就可以看到已经分享成功的众筹项目，只要是您的QQ好友，就可以查看到该项目。

将众筹发布给 QQ 好友或 QQ 群

在一些人可能并不善于使用社交网络，这时可以直接将众筹项目发送到 QQ 或 QQ 群。只需要在上面的第一步中选择"QQ 好友"选项，然后选择要发送的 QQ 好友或 QQ 群即可。

10.2.2　学会利用手机分享

如今的人们随时都在手机上刷朋友圈、刷微博，要让众筹成功，也不能忽略手机的推广。

手机因为可以定位，同时方便操作，甚至比电脑更加有利于众筹的推广，手机社交网络有很多，如朋友圈、手机微博、INS 等。下面我们就来介绍如何将众筹项目发布到微信朋友圈中。

应用示例——将众筹网是项目推广到朋友圈

Step01 在手机众筹平台中进入要推广的项目，① 单击右上角的"分享"按钮，② 在打开的对话框中单击"朋友圈"按钮。

Step02 ① 进入项目分享页面，输入想要推广或评论的文字，② 单击"发送"按钮，在个人微信朋友圈既对该项目进行了推广发布。

10.2.3 丰富的众筹推广方法

众筹项目就像一个新上市的商品，除了利用电脑或手机将众筹项目发布到社交网络之外，还有很多项目推广的方式，其中既包含了线上推广，也有线下推广。图10-8简单总结了一些方式。

在社交网络上，有很多"著名人士"，他们的微博或朋友圈有非常多的人关注，如果联系这些"著名人士"，让其帮助转发众筹项目，会让项目获得的关注大大增加。

在众筹项目发布时，支持者们就会开始在项目页面进行留言评论，这些评论对后续的支持者有较大的影响，因此在前期必须做好评论引导工作。

众筹项目是一个持续的过程，并不只是前期的项目包装或宣传，在项目进行过程中，要实时更新产品/服务进展，让参与者认为这是一个真实可靠的项目。

发展下线也是很好的推广方式，个人的人际关系资源是有限的，如果让身边的亲朋好友帮助转发，然后持续不断地传递信息，项目就会在很短的时间内被很多人看到。

完整的项目包装本身就是一种推广的方式，如果一个项目只有几张简单的图片，就很难获得支持者的认可，也无法被众筹平台分享到首页，最终会让项目失败。

众筹平台的账号与淘宝购物一样，有一个评分机制，如果您每次发布的项目都失败，或在项目成功后拒绝履行回报出现退款，那么以后发布的项目便不会得到人们的支持。

大量开展与项目支持者交流的活动，可以增强项目的品牌效应与营销效果。一般有众筹论坛、QQ群、微信群等线上交流；集体活动、会议展览等线下交流。

图10-8 众筹推广的技巧

10.3 轻松玩转众筹

前面已经对众筹的相关网站与项目推广有了详细的了解，切实掌握了众筹运营的每一步流程，为了帮助大家更好地参与众筹，在本书的最后一节，我们总结一些轻松玩转众筹的技巧。

10.3.1 善于使用图片包装

几乎任何项目都会采用图片包装，精彩的图片包装一般可以加上文字或将照片进行 PS，下面我们来看两个简单案例。

第一，在前面介绍的"橙子"众筹案例中，如果项目包装图片为如图 10-9 所示左图一样的简单照片，可能无法吸引支持者的眼球，而如果采用如图 10-9 右图经过处理过的照片，就会让人眼前一亮。

图 10-9　使用 PS 图片

第二，还可以给图片配上说明性的文字，同样在前面介绍的图书出版案例中，如果项目展示只是图书的内页，普通支持者可能无法了解具体的内容，而如果配上说明性的文字，就会一目了然，具体如图 10-10 所示。

 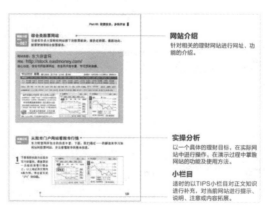

图 10-10　为包装图片配上文字

10.3.2　学会使用快递发货

大多数众筹都会涉及实物回报，因此了解包裹的邮递就非常必要，如今人们发货大都通过快递公司进行。

首先就来了解一下如何在网上有预约快递上门取件。

应用示例——如何在网上预约取件

Step01 进入顺丰速运快递官方网站，将鼠标光标指向"寄件"选项，在打开的选项卡中单击"马上寄件"按钮。

Step02 在打开的页面中输入寄件人姓名、上门地址及联系电话号码。

Step03 ① 在该页面下方设置寄件物品信息，包括物品总产量、上门时间等，② 单击"预约"按钮即可等待快递员上门取件。

众筹要邮寄的包裹一般较多，如果采用普通寄件的方式，会支付较多的快递费用，因此需要注意如下所示的快递技巧。

- 快递的收费是一口报价，比如邮寄到什么地方是多少钱，如果订单较多，那么可以与快递公司采取加盟点的方式来合作，这样的每单收费会非常便宜。

- 要求快递在你的电脑上装上加盟点软件，这样快递人员可以带扫描枪来进行快递扫描，计费方便。

- 将包裹进行分类，寄到同一地区的快递最好一次性发货。

- 除非不得已，不要手写单证，防止出错，提升店铺形象。

- 众筹也会产生退货单，项目发起者最好印刷统一退货单，并且约定退货的费用由谁承担。

- 熟知每一个快递公司的收费，不同的重量、不同的地区选择不同的快递公司，多选几家综合对比价格、网点、服务和速度。

- 了解快递公司的起步重量与续重收费，保证不花冤枉钱。

10.3.3 众筹项目失败了怎么办

发布了一个众筹项目，一般会受到众筹平台严格的审核，具体如图 10-11 所示。

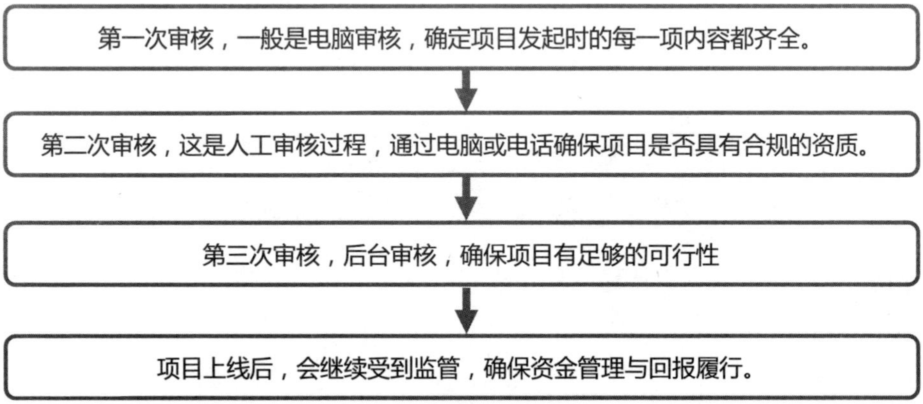

第一次审核，一般是电脑审核，确定项目发起时的每一项内容都齐全。

第二次审核，这是人工审核过程，通过电脑或电话确保项目是否具有合规的资质。

第三次审核，后台审核，确保项目有足够的可行性

项目上线后，会继续受到监管，确保资金管理与回报履行。

图 10-11 众筹审核的流程

项目预热

一些平台会对项目进行预热，预热项目可以发布到平台，但不能进行筹资，如果浏览量不大，最终不能被成功发布。

以上的每一个步骤，都可能出现项目失败的情况，在个人账户页面的"发起的项目"中即可查看因为什么原因出现失败，如图 10-12 所示。

图 10-12　查看项目失败的原因

项目失败具体的解决方法如下。

（1）第一次审核失败

如果在第一次发布时就出现审核失败，则是项目发布流程不完整，需要退回去检查项目名称、简介、文字/图片包装、发起者账户信息、3 个以上的支持等级与回报是否都设置完整。

检查完整后可再次发布项目。

（2）第二次审核失败

第二次审核是由众筹平台通过电话或邮件的方式联系项目发起人，如果联系不上，会宣布审核失败，因此需要时刻保持手机的畅通。

在审核过程中，可能要求项目发起者提供项目的相关证明材料，如专利证书、生产许可证、代理证书等。如果无法提供平台要求的资料，审核就会失败。

（3）第三次审核失败

第三次审核失败一般是因为项目没有可行性，缺乏亮点可能无法在众筹平台完成筹资。

此时项目发起者需要重新对项目进行立项与包装，找出足够的亮点，然后重新发布到平台。但这个过程需要从第一次审核开始。

10.3.4 巧妙完成众筹的每一步

众筹运营的每一步都是非常重要的，需要项目发起者与众筹平台协作完成，具体可参考如下所示的内容。

项目需求分析：在一个项目发起之前，项目发布者可以与众筹平台进行交流，确认本次项目的目的与想要达到的效果。

- **项目包装**：确认需求之后，众筹平台会协助项目发起者进行项目包装，包括照片与视频拍摄、创意行销点找寻、营销推广策划、文字编辑、媒体资源整合等。

- **营销推广策划执行**：项目发布之后，众筹平台会有专门的推广团队，根据推广策划方案进行推广。

- **资金对接**：众筹平台有专门的财务团队，会在项目发起后接触资金方，接洽资金进入的可行性。

- **商业计划书撰写**：筹资成功后，辅导团队会协助项目发起者撰写计划书，以获得更多资金方进入，如果筹资不成功，辅导团队会帮助发起者修改众筹项目，进行第二次筹资。

- **创业经营辅导**：如果项目需要创业，众筹平台会帮助其完成公司注册、商标设计与品牌推广、经营计划拟定、法律服务。

- **创业圈人脉积累**：众筹平台有丰富的人脉资源，公司孵化后，推广团队会协助发起者参与创业交流圈，与创业圈中的其他同行以及资金机构进行交流，积累自己创业人际关系。

- **公司管理**：公司"孵化"后，众筹平台既是项目的参与者，也是监督者，要对公司的经营管理进行全面的参与。